Rayk Anders

EURE DUMMHEIT KOTZT MICH AN

Wie Bullshit unser Land vergiftet

Ausführliche Informationen
über unsere Autoren und Bücher
www.dtv.de

Auch als eBook erhältlich

Originalausgabe
© 2016 dtv Verlagsgesellschaft mbH & Co. KG, München
Das Werk ist urheberrechtlich geschützt.
Sämtliche, auch auszugsweise Verwertungen bleiben vorbehalten.
Umschlaggestaltung: dtv nach einem Entwurf von Rayk Anders,
unter Verwendung eines Fotos von Jens Oellermann
Gesetzt aus der Candida Std
Satz: Greiner & Reichel, Köln
Druck und Bindung: Kösel, Krugzell
Gedruckt auf säurefreiem, chlorfrei gebleichtem Papier
Printed in Germany · ISBN 978-3-423-26136-4

Für R. J. I. & M. F. J.
What's coming next?

INHALT

VORWORT

Eure Dummheit kotzt mich an

Deutschland, ich mag dich. Aber wir müssen reden.
Ich weiß nicht, wie ich es anders ausdrücken soll. Aber
es wird mir einfach zu dumm in diesem Land. Das Internet ist eine tolle Sache und Meinungsfreiheit ein hohes
Gut. Aber der Unsinn, der aktuell das Netz überflutet ...
der Hass, den sich Demonstranten vor Flüchtlingsheimen aus dem Leib schreien ... die Halbwahrheiten, mit
denen Rechtspopulisten Wähler erschrecken wollen ...
ich kann es alles nicht mehr hören. Es reicht mir.
Hätte ich drei Wünsche frei, einer davon wäre,
Deutschland packen zu können, um es durchzuschütteln
und anzuschreien. »IST DAS DEIN ERNST?!«.* Richtige Verschwendung, weil ich die Antwort schon kenne.
Aber das wäre es mir trotzdem wert. So weit ist es schon
gekommen.

---

* Der zweite Wunsch wäre natürlich Weltfrieden und der dritte, dass
der Dschini seine Freiheit bekommt;(#NichtZurückInDieEngeLampe
#VonAladinLernenHeißtSiegenLernen

Der Bullshit kennt keine Grenzen mehr. Mein persönlicher »Favorit« ist ein Video von Angela Merkel aus dem Frühjahr 2015. Auf dem G7-Dialogforum spricht die Bundeskanzlerin davon, dass man den massenhaften Einsatz von Antibiotika eindämmen müsse, damit die Wirksamkeit nicht verloren gehe. Sie wiederholt im Grunde die Forderungen der Weltgesundheitsorganisation (WHO), die schon seit Jahren davor warnt, dass Krankheitserreger zunehmend antibiotikaresistent werden, weil die Menschen heutzutage bereits bei kleinsten Beschwerden Antibiotika einwerfen.

Damit ist tatsächlich nicht zu spaßen: Wenn wir dieses Problem nicht ziemlich bald in den Griff kriegen, könnten in Zukunft ernsthafte medizinische Probleme auf uns zukommen. Die **WHO** spricht bereits vom Eintritt in eine »post-antibiotische Ära, in der gewöhnliche Infektionen und kleinere Verletzungen, die seit Jahrzehnten behandelbar sind, wieder tödlich sein können«. In Europa sind schon heute in manchen Bereichen bis zu 60 % der Infektionen mit Staphylococcus aureus nicht mehr mit gängigen Antibiotika behandelbar.

Aber genug von den langweiligen Fakten. Viel spannender ist, was das Netz aus dieser Bemerkung machte. Merkels Auftritt wurde durch eine Videoschnitt-Software gezogen, um ihn mit düsteren Bildern von Bakterien und Warnhinweisen anzureichern, und anschließend auf YouTube neu veröffentlicht. Der Titel:

ANGELA MERKEL GIBT NWO-PLAN ZUR MENSCHENREDUKTION BEKANNT!

Jawoll, drunter geht's nich! Die Bundeskanzlerin plane eine *Reduktion der Menschen von 7,3 Milliarden auf 500 Millionen!* Immerhin will sie weniger Antibiotika! Ist die Frau verrückt? Das hilft doch schließlich gegen Krankheiten! Und das soll eingeschränkt werden? SKANDAL!!*

Der entsprechende Clip hat auf YouTube rund 200000 Aufrufe. In den Kommentaren schreiben die Nutzer über Merkels diabolischen 500-Millionen-Menschen-Plan:»Widerliche Ausgeburt des Bösen, Volksverräterin, AFD an die Macht« etc. Fairerweise muss man aber sagen, dass auch konstruktive Vorschläge gemacht werden, wie etwa »3 Milliarden wäre ideal«.** Super.

Ich könnte kotzen. Ernsthaft. Dieses Beispiel steht für mich exemplarisch für die Art und Weise, wie viele Deutsche heutzutage mit Informationen umgehen. Frei nach dem Motto: *Immer das Gegenteil von dem, was die anderen sagen!* Ich bin kein Merkel-Fan, trotzdem hat die Frau in diesem Fall recht: Wir nehmen zu viele Antibiotika. Doch um Sinn und Unsinn geht es schon längst nicht mehr. Hätte Merkel gesagt: »Wir brauchen mehr Antibiotika«, wären dieselben Leute auf die Barrikaden gegangen und hätten gezetert: »WAS, weiß sie nicht, wie gefährlich das sein kann, dadurch entstehen Super-

---

* NWO ist übrigens die Abkürzung für »Neue Weltordnung«. Dahinter verbirgt sich die Vorstellung, dass eine geheime Weltregierung im Hintergrund daran arbeitet, das Leben des Volkes vollständig zu kontrollieren und es letztlich zu versklaven. #OBACHT
** #NurNochDieHalbeMenschheitAusrotten #SchonVielBesser #HerzZeigen #MenschlichMussEsStimmen

keime, SIE WILL WOHL DIE MENSCHHEIT REDU-
ZIEREN, SKANDAL!« Man kann darüber lachen, aber
die Frage lautet: Wie lange noch?

Es gibt ein großes Problem in Deutschland: Menschen
wollen sich nicht informieren, sondern empören. Diese
Entwicklung macht mich fertig. Denn sie bereitet all dem
den Weg, was eigentlich hinter uns liegen sollte: Panik,
Vorurteile, blinde Wut. Leute lassen sich aufhetzen und
vollkommen aus der Bahn werfen – von apokalyptischen
Behauptungen, die sich in 90 % der Fälle innerhalb weniger Sekunden widerlegen lassen; mit Informationen
der ersten Seite an Google-Suchergebnissen.

Nicht einmal diese Mühe machen diese Menschen
sich noch. Egal, welchen Knochen man ihnen hinwirft:
Sie nehmen ihn bereitwillig auf, solange er nur ihre
eigenen Vorurteile bestätigt.

Es ist faul.

Es ist unfair.

Es ist dumm.

Und es zieht dieses Land kontinuierlich nach unten.
All diesen Leute rufe ich (stellvertretend für alle, die davon genauso genervt sind wie ich!) mit diesem Buch entgegen:

Eure Dummheit kotzt mich an!

ERNÄHRUNG

Dein Supermarkt belügt dich:

»Bio ist Betrug! Schmeckt genauso, kostet doppelt so viel!
Die Bio-Abzocke mit unserem Essen!!«

Ich bin ein Comic-Fan. Ein großer Comic-Fan. Wenn
man sich meine YouTube-Videos anschaut, die ich meistens in meinem Wohnzimmer drehe, erkennt man hinter
mir oft ein proppenvolles Regal voller Batman-Hefte, Superman-Bücher und Spider-Man-Sammelbände. Meine
halbe Wohnung besteht praktisch aus den Abenteuern
fiktiver Figuren. Mit den Geschichten aus Gotham City
und Metropolis habe ich als Kind lesen gelernt, und die
heroischen Comic-Charaktere haben mich nie so ganz
losgelassen. Noch heute besorge ich mir regelmäßig die
neuesten Hefte meiner Lieblingshelden und stürme bei
jeder neuen Hollywood-Verfilmung in der Premierenwoche das Kino.

Doch diese Begeisterung ist nichts gegen den fast
schon religiösen Eifer, mit dem ich in jüngeren Jahren

meiner Comic-Leidenschaft frönte: Als kleiner Junge habe ich mich geweigert, Rosinen zu essen – weil Garfield sie in seinen Comics immer ausgespuckt hat. Und bis Mitte zwanzig habe ich keine Sardellen gegessen, weil die Turtles in ihrer Trickserie keine Sardellen auf der Pizza mochten. Einfach aus Prinzip. So viel zu meiner Tendenz zu kulinarischen Vorurteilen und der Hartnäckigkeit, mit der ich sie verfolge.

Wenn es also jemanden gibt, der für eine Ablehnung gegenüber bestimmten Nahrungsmitteln ohne jede Berücksichtigung von Fakten Verständnis zeigen dürfte, dann ich. Womit wir auch schon mitten im Thema wären: Bio-Skeptiker. Menschen, die sich von ihrem Supermarkt über den Tisch gezogen fühlen, weil der Bio-Joghurt zehn Cent mehr kostet, aber genauso schmeckt wie der »normale«. SKANDAL.

Diese Leute sitzen einem großen Irrglauben auf. Sie erwarten, dass der höhere Preis für Bio-Produkte mit einem gesteigerten Genuss-Erlebnis einhergehen müsste. Wenn sie voller Vorfreude einen Topf Bio-Kartoffeln kochen und danach entrüstet feststellen, dass sie kaum einen Unterschied zu den herkömmlichen Kartoffeln schmecken können, platzt den geneigten Kartoffel-Experten der Kragen. Ihr Supermarkt hat sie hinters Licht geführt! Die Bauern lachen sich ins Fäustchen! Die große Bio-Verschwörung will uns alle ausnehmen und verarschen!

An genau diese Spezialisten, die sich beschweren, dass »Bio« genauso schmeckt wie »normal«: Das ist ja der Gag. Dass man auf Chemikalien und Zusätze verzichten kann und das Essen trotzdem genießbar ist.

Klar: Es gibt immer Leute, die entweder sagen: »Also ich esse ja nuuur Bio, den Unterschied schmeckt man einfach!«, oder Leute, die meinen, »igitt, das schmeckt ja nach gar nix«. Aber abgesehen davon, dass Geschmäcker verschieden sind, verfehlen beide Aussagen den Punkt. Der Sinn von Bio ist nicht, »besser« zu schmecken. Der Sinn ist, uns im Supermarkt eine Wahl zu ermöglichen über die Art und Weise, unter welchen Bedingungen unser Essen produziert werden soll – und was man dem eigenen Körper zumuten möchte oder nicht.

Vergessen wir nicht, was Essen letztlich bedeutet. Wir schieben uns etwas in unseren Körper rein. Zum Beispiel Wurst. Man sollte sich da keine Illusionen machen. Weder in der herkömmlichen noch in der Bio-Variante ist die Wurst an sich ein besonders erhabenes Produkt.[*] In die übliche 08/15-Wurst stecken Fleischer so ziemlich alles, was sonst nicht wirklich verwertbar ist. Fett, Lippen, Geschlechtsteile, Nasen, was halt so wegmuss. Um es abzukürzen, kann man sagen, wir essen Schweinearsch. Mjam, mjam, mjam. Mein Punkt ist, ein Produkt ist nicht automatisch schöner, toller, edler, nur weil ein Bio-Siegel draufklebt. Doch durch Bio-Produkte erweitert sich unsere Freiheit in der Auswahl entscheidend. Wenn ich beim Einkauf an der Wurstheke feststelle, dass ich mal wieder Hunger auf Schweinearsch habe, kann ich durch die Option einer Bio-Wurst die Wahl treffen, ob ich die geschredderten Geschlechtsteile nicht doch zumindest

---

[*] Und wenn wir ehrlich sind, klingt nicht mal der Name sehr appetitlich. Im Ernst, sprecht es ein paarmal laut hintereinander aus. Wurst. Wurst. Wurrrchst. #BahAlter

ohne Konservierungsstoffe wie Natriumnitrit haben möchte, das für Menschen bereits ab einer Menge von nur einem halben Gramm akut giftig ist. Nehmen unsere Geschmacksnerven den Unterschied auf zwischen einer Wurst mit oder ohne Zusatzstoffe? Nein. Muss der Rest unseres Körpers trotzdem damit klarkommen? Verdammt, ja. Deshalb geht es bei Bio nicht darum, ob es »besser« schmeckt. Es geht um etwas viel Wichtigeres. Um den Mist, den man *nicht* schmeckt.

Lassen wir zum Spaß einfach mal alle Stoffe außen vor, die in verarbeitete Lebensmittel reingepanscht werden, um das Essen irgendwie, nun ja, *essbar* zu machen. Vergessen wir also die ganze Bibliothek an E-Nummern *, die eurer Mikrowellen-Currywurst aus der Plastikschale ihr gehaltvolles Aroma beschert. Beginnen wir stattdessen dort, wo unser Essen seinen Ursprung hat: auf dem Acker.

---

* Wenn ihr zu der Sorte Menschen gehört, die oft alleine essen und dann irgendwann aus Langeweile anfangen, die Verpackung des Essens zu studieren, sind euch in den Zutatenlisten mit Sicherheit schon einmal diese Nummern E140, E950 etc. aufgefallen. Hierbei handelt es sich um Abkürzungen für bestimmte Süßstoffe, Konservierungsmittel, Farbstoffe etc. Allein in einer Coca-Cola Zero sind beispielsweise gleich drei verschiedene Süßstoffe enthalten. Die E-Nummern haben den unschlagbaren Vorteil, dass sie erheblich netter klingen als die Stoffe, für die sie stehen. »E173« auf der Verpackung klingt zum Beispiel erheblich beruhigender als »Aluminium«. Das Anreichern von Lebensmitteln mit Aluminium ist in Deutschland etwa bei bestimmten Backwaren gestattet. Die Europäische Behörde für Lebensmittelsicherheit (EFSA) warnt davor, mehr als 0,1 Milligramm Aluminium in der Woche zu sich zu nehmen. Der Stoff baut sich kaum wieder ab und lagert sich langfristig in Knochen, Lunge und dem Gehirn ab.

Allen wissenschaftlichen Durchbrüchen der Agrar-industrie zum Trotz (Gentechnik, Superdünger etc.), hat die Lebensmittelbranche nach wie vor ein relativ simples Problem: Das verdammte Essen muss irgendwo herkommen. Auch nach Jahrzehnten der industriellen Landwirtschaft muss man immer noch die Erde pflügen, Samen säen und Wasser draufkippen. Dass man es heutzutage, zumindest in der ersten Welt, mit GPS-gesteuerten Maschinen statt von Hand macht, ist für die Bauern sicher praktisch, ändert aber wenig am grundsätzlichen Prinzip. Und somit können wir unser Essen immer noch nicht im Labor aus dem Nichts hervorzaubern, sondern müssen uns weiterhin mit der nervigen Natur rumplagen. Das bedeutet, dass wir uns auch mit Schädlingen wie Käfern, Pilzen, Würmern usw. auseinandersetzen müssen, die unserem schönen Gemüse auf dem Acker an die Wurzel wollen. Um sich die ungebetenen Gäste vom Hals zu halten, ist man irgendwann auf die Idee gekommen, spezielle Gifte zusammenzumischen und die Felder flächendeckend damit einzusprühen. Damit die blöden Käfer nicht mehr in die Äpfel, sondern ins Gras beißen. Boom, die Ära der Pestizide war geboren. Und wir haben sie seitdem nicht mehr verlassen.

Pestizide oder, industriefreundlicher formuliert, »Pflanzenschutzmittel« sind eine zweischneidige Angelegenheit. Einerseits steigern sie die Erträge und sorgen dafür, dass Bauern höhere Gewinne machen und unsere Regale im Supermarkt auch bis Ladenschluss angenehm gefüllt sind. Andererseits gelten sie als extrem umweltschädlich, und eure Mutter hat euch immer angemault, dass ihr das Obst gefälligst waschen sollt, bevor ihr es esst.* Pestizide haben grundsätzlich keinen besonders guten Ruf. Bei Verfechtern des ökologischen Landbaus schon gar nicht. Sie sollen krank machen, die Umwelt verschmutzen, und überhaupt werde immer viel zu viel davon benutzt. Aber selbst wenn ein überzeugter Bio-Fan ohne jedes Fachwissen aus reiner Flapsigkeit meckern würde:»In konventionell angebautem Gemüse sind im Vergleich zu Bio-Gemüse 100 Mal mehr Pestizide drin!«, würde er noch untertreiben. Das Chemische und Veterinäruntersuchungsamt Stuttgart (CVUA) gab 2012 bekannt, dass sie nach zehn Jahren Überwachung und Tausenden Produkttests etwas Faszinierendes festgestellt haben: Dass »normale« Lebensmittel im Vergleich zu Bio-Produkten nicht nur doppelt oder vielleicht zehnfach so sehr mit Pestiziden verunreinigt waren – sondern atemberaubende 180 Mal stärker mit Pestiziden belastet sind.

Und das ist nur das Zeug, das noch am Essen klebt! Eine ganz andere Hausnummer ist da noch mal die Menge an Giften, die sich gar nicht erst auf den weiten Weg in den Supermarkt macht (und somit letztendlich in euren Körper), sondern stattdessen ganz gemütlich auf dem Acker in unsere Böden sickert. Um die Ernten hoch zu halten, werden jedes Jahr 40 000 Tonnen Pestizide auf deutsche Felder gesprüht. Gifte, die sich jahrelang im Erdreich und Grundwasser ansammeln, untereinander zu abenteuerlichen Cocktails vermischen und langfristig ganze Ökosysteme zum Kollabieren bringen können. Darüber kann der gemeine Bio-Skeptiker natürlich zu-

---

* Voll anstrengend, Mama :(

nächst nur müde lächeln. Ökosystem-Schmökosystem! Wen interessiert's schon, abgesehen von ein paar Green-peace-Hippies, wenn irgendwo in Mecklenburg-Vor-pommern ein paar Bienen vom Strauch fallen? Selber schuld! Wer es wagt, den deutschen Bauern fortschritts-feindlich in die Quere zu brummen, bekommt 'nen In-sektizid-Einlauf in seinen schwarz-gelben Honighintern! Schland, fuck yeah!

Das ist die eine Perspektive. Angesichts ganzjährig übervoller Obst-Regale mit in Plastik eingeschweißter Massenware kann es einem vorkommen, als ob das rea-le Feld, von dem das Essen stammt, verdammt weit weg sei. Doch unsere Anbauflächen werden derart mit to-xischen Substanzen überflutet, dass keine halbherzige EU-Richtlinie und kein symbolischer Grenzwert die So-ße noch fernhalten kann. Die Chemikalien sind längst in uns angekommen. Bei einer europaweiten stichproben-artigen Untersuchung wurde im Jahr 2013 nachgewie-sen, dass 70 % aller deutschen Studienteilnehmer den Unkrautvernichter Glyphosat im Urin hatten.[*] Die Gifte der Agrarindustrie sind im wahrsten Sinne des Wortes ein Teil von uns geworden.

Glyphosat ist ein künstliches Gift, das in zahlreichen

---

[*] Durchgeführt wurde die aufsehenerregende Untersuchung im ge-meinsamen Auftrag vom Bund für Umwelt und Naturschutz (BUND), einem der renommiertesten Umweltverbände Deutschlands, und dem europäischen Dachverband Friends of the Earth (FOE). Mit 70 % lie-gen die Deutschen übrigens auf einem der Spitzenplätze, einzig das kleine Malta kann uns mit sagenhaften 90 % Glyphosat-Anteil bei den Studienteilnehmern die zweifelhafte Ehre der größten Pestizid-Pinkler Europas streitig machen.

Mischungen von großen Chemie-Konzernen wie Monsanto, Bayer oder BASF an Landwirte verkauft wird, damit sie ihre Erträge steigern können. Laut der Weltgesundheitsorganisation (WHO) schädigt es das Erbgut und wurde im Sommer 2015 nach der Auswertung von über 200 Studien als »wahrscheinlich krebserregend« eingestuft. In Deutschland wird es auf fast der Hälfte aller Ackerflächen verwendet. Das Mittel tötet zuverlässig Schädlinge, Nützlinge, Pilze, Unkraut; kurz gesagt, *alles* außer der gewünschten Nutzpflanze. Der Einfachheit halber könnte man sagen, Glyphosat ist der beste Freund der Monokultur.

Während Bauern früher unterschiedliche Obst- und Gemüsesorten nebeneinander oder in abwechselnder Reihenfolge pflanzten, damit sie sich durch ihre spezifischen Eigenschaften gegenseitig Schädlinge vom Leib halten und der Boden geschont wird, setzt man in der heutigen Landwirtschaft auf eine modernere Taktik: Man baut ein und dieselbe Pflanzenart, etwa Mais oder Äpfel, in riesigen Mengen bis zum Horizont an und tötet alles andere systematisch ab. Diese Anbauweise hat mehrere Vorteile: Die Pflanzen werden schneller krank, enthalten weniger Nährstoffe und reduzieren die Fruchtbarkeit des Bodens, auf dem sie wachsen.

Falls sich jetzt jemand fragt, was das bitte für Vorteile sein sollen, seid ihr offenbar nicht in der Chemie-Branche beschäftigt: Für Hersteller künstlicher Pestizide und Dünger sind die schwächelnde Gesundheit der Pflanzen und der schleichende Fruchtbarkeitsverlust der Anbauflächen ein Segen. Deine Pflanzen werden anfälliger für Schädlinge? Kauf unsere tödlichen Insektizide! Dein

Acker bietet nicht mehr genug Nährstoffe, um eine rentable Ernte einzubringen? Kauf unseren synthetischen Dünger!

Das Geschäft boomt. Wir erinnern uns: 40 000 Tonnen Gift auf Deutschlands Felder.

Jedes.

Jahr.

Eine unvorstellbare Menge. Um etwas greifbarer zu machen, wie viel das ist, können wir es mit einer anderen ekligen Substanz vergleichen: Aufs Gewicht umgerechnet, könnte man statt 40 000 Tonnen Pestizide auch 400 Millionen Helene-Fischer-CDs aufs Feld schmeißen.* Inklusive Plastikhülle und verträumt-asexuellem Booklet, wohlgemerkt. Die Umweltbelastung wäre vermutlich sogar noch geringer. Denn natürlich beschränken sich die Folgen dieser Pestizid-Passion nicht nur auf uns.

Als ob es nicht schlimm genug wäre, dass wir nach jahrzehntelanger Chemie-Penetration unserer Ackerflächen schon selbst anfangen, Gift zu pinkeln, ziehen wir auch den Rest von Mutter Natur mit rein. Die wohl am meisten alarmierende Entwicklung lässt sich bei den Bienen beobachten. Der überhebliche Umgang mit den schwarz-gelben Brummern steht exemplarisch für unsere Fähigkeit, im Angesicht verlockenden Profits einfachste Zusammenhänge zu ignorieren und uns

---

* Wenn die ganze Welt was davon haben soll, könnte man die CDs auch etwa anderthalb mal um den Äquator legen – ich will damit nur sagen, das sind 'ne **Menge** Helene-Fischer-CDs! #GnaaadenlooosDuuurchDieNaaacht

damit am Ende selbst in die Eier zu treten. Doch der Reihe nach.

Eines vorweg: Bienen sind oberprima. Sie bestäuben Blüten, machen leckeren Honig, und nicht zuletzt haben wir ihnen mit ›Biene Maja‹ die Quasi-Nationalhymne von Nachkriegs-Deutschland zu verdanken.* Ihre Bedeutung kann gar nicht hoch genug eingeschätzt werden. Auch nicht für unsere Landwirtschaft. Sagenhafte 80 % unserer Kulturpflanzen (alle Pflanzen, die vom Menschen zur wirtschaftlichen Nutzung optimiert wurden; angefangen von Gemüse und Obst bis hin zu Blumen) sind auf die Bestäubung durch Bienen angewiesen. 80 %! Dadurch bringen sie nicht nur den absoluten Großteil unseres Essens zum Blühen, sondern greifen auch den hiesigen Landwirten kräftig unter die Arme. Laut dem Deutschen Bauernverband leisten die Bienen durch ihre effiziente Bestäubung jedes Jahr einen Milliarden-Beitrag zur deutschen Agrarindustrie. Und das Ganze ohne Mindestlohn-Querelen und teure Lobbyisten!

Die Leistung der Bienen ist in der Tat so beeindruckend, dass sie nach Rindern und Schweinen das drittwichtigste Nutztier in Deutschland sind. Man muss es wiederholen: Volkswirtschaftlich betrachtet sind die Bienen für uns als Tiere bedeutender als die Massentierhal-

---

* Vergesst alles, was sämtliche »typisch deutsch«-Listen dieser Welt jemals behauptet haben. Ich kenne keinen Deutschen, der freiwillig Sauerkraut isst, und habe noch nie einen Deutschen in Lederhosen gesehen, wenn er sich nicht gerade in München beim Oktoberfest auf die Schuhe kotzt. Aber – so viel kann ich garantieren – den ›Biene Maja‹-Song singt **jeder** mit. #Kulturgut #JustGermanThings

tung von Hühnern, die gesamte Fischerei-Industrie oder sämtliche Federmappen und Schulhefte, auf die jemals eine Diddl-Maus gedruckt wurde. Man sollte also meinen, die Biene sei unser bester Freund; ein Mitstreiter, den man hegt und pflegt. Doch die Realität sieht leider anders aus.

Die Bio-Skeptiker werden an dieser Stelle zunächst entnervt mit den Augen rollen und sich fragen, wie um Himmels willen wir bei den Bienen und den Blümchen gelandet sind. Es geht hier doch um Bio-Essen! Den großen Schwindel! Was haben die ollen Bienen jetzt damit zu tun, ob mein Mittagessen die Welt verändert? Nun, so einiges. Und wenn wir beginnen, die bisher erwähnten Informationen zu verbinden, erkennen womöglich auch die überzeugten Anti-Öko-Vertreter einen Zusammenhang.

Wir haben erfahren, dass auf einem großen Teil der deutschen Ackerflächen Unmengen von Pestiziden eingesetzt werden.* Außerdem haben wir festgestellt, dass Bienen auf fast all diesen Flächen unterwegs sind und eine unschätzbare Leistung erbringen, indem sie die Pflanzen durch Bestäubung dazu bringen, Frucht zu tragen. Aber an dieser Stelle überschneiden sich die

---

* Am liebsten sind mir übrigens Verschwörungstheoretiker, die vor »Chemtrails« warnen (also der angeblichen, von Politikern angeordneten Vergiftung der Bevölkerung durch das Versprühen schädlicher Chemikalien per Flugzeug) und gleichzeitig Bio-Gegner sind. Juuuunge, du machst den ganzen Tag Alarm, dass die Regierung dich per chemischen Luftangriff attackiert, aber verzichtest aus Prinzip auf den »Bio-Betrug!!« und stopfst dir die Chemie zufrieden schmatzend selbst direkt in den Mund. #MerksteWas #gtfo

Tatsachen auf eine unschöne Art und Weise: Die Bienen sind auf den Feldern gnadenlos der Chemie-Keule der Industrie ausgesetzt. Und sie sterben. Millionenfach.

Lange Jahre wurde das Problem kleingeredet oder aufgeschoben. Die Chemie-Industrie wehrte sich konsequent gegen Behauptungen, ihre Produkte seien für das massenhafte Bienensterben mitverantwortlich. Doch die Gefahr ist real und zwang 2013 selbst die sonst nicht gerade als besonders engagiert geltende EU-Kommission zum Handeln. Gegen den Widerstand der Großkonzerne verbot sie den Einsatz ausgewählter Insektizide in der EU, um die Ernte von Mais, Sonnenblumen, Raps und Baumwolle nicht zu gefährden. Die Lage verlangt nach drastischen Änderungen in der konventionellen Landwirtschaft: Die Widerstandsfähigkeit der Bienen schwindet. Gegen ihre natürlichen Feinde, wie die Varroa-Milbe,* kommen sie immer weniger an. In Deutschland haben allein in der Saison 2015 dreimal mehr Bienenvölker als im Vorjahr den Winter nicht überlebt. Die Populationen kämpfen ums Überleben. Und mit ihnen letztlich auch wir. Albert Einstein soll einmal gesagt haben, wenn die Bienen aussterben, stirbt vier Jahre später auch der Mensch: *Keine Bienen mehr, keine Bestäu-*

---

* Die Varroa-Milbe ist ein winzig kleiner Drecksack, der sich als Parasit von Bienenblut ernährt und bei fortschreitender Verbreitung komplette Bienenvölker auslöschen kann. Die hungrigen Milben vermehren sich auf der Brut der Bienen – sprich, Babybienen:(– und übertragen für die Bienen tödliche Krankheiten. Die Vereinten Nationen sehen durch ihre katastrophale Auswirkung auf die Bienenbestände weltweit »die Nahrungsgrundlage der Menschheit in Gefahr«. #PublicEnemy-No1

bung mehr, keine Pflanzen mehr, keine Tiere mehr, kein Mensch mehr.

An diesem Punkt der Geschichte befinden wir uns aktuell. Doch statt den Bienen schnell und flächendeckend zur Hilfe zu eilen, ertränken wir sie buchstäblich in Tonnen von Chemie und schwächen sie immer mehr. Es ist verrückt: Weltweit landet die Hälfte aller produzierten Lebensmittel auf dem Müll. Essen für einen kompletten, zweiten Planeten, das wegen abgelaufenem Mindesthaltbarkeitsdatum, falscher Lagerung oder sonstiger Fehler weggeworfen wird. Doch trotz dieser gewaltigen Überschüsse können wir uns nicht dazu durchringen, die Natur zu schonen, indem wir weniger Dünger und Gifte verwenden, um wichtige Bestandteile des globalen Ökosystems, wie die Bienen – aber auch unsere *Böden* –, wieder zu stärken und dafür zu sorgen, dass sie sich erholen können. Stattdessen greifen wir mit Volldampf unsere eigene Nahrungsgrundlage an.

Nach Jahrzehnten intensivster Landwirtschaft sind wir heute an einen Punkt gelangt, an dem wir nicht mal mehr den Kopf in den Sand stecken können. Denn würden wir der alten Vogel-Strauß-Taktik, den Kopf angesichts drohender Gefahr unter die Erde zu bewegen,* folgen, müssten wir erschreckt feststellen, dass das schützende Erdreich, in das wir uns flüchten wollten, zu den größten Opfern unseres kurzsichtigen Um-

---

* Strauße tun das übrigens nicht wirklich. Wie genau dieser Mythos entstand, ist nicht abschließend geklärt; Zoologen verzweifeln aber bis heute daran, dass die Falschheit dieser Aussage nie in der breiten Masse angekommen ist. #UnnützesWissen #AlsRedewendungTrotzdemAstrein

gangs mit der Natur gehört. Es steht nicht gut um unsere Böden. Aber bevor wir ins Detail gehen: Wagen wir ein kleines Schätz-Spiel. Wie viel fruchtbaren Boden verliert Deutschland *täglich*? Nicht pro Monat, nicht pro Jahr – wie viel Boden, der zum Anbau von Nahrungsmitteln überhaupt infrage kommt, verlieren wir in unserem Land *pro Tag*? Das ist eine Frage, die übrigens gerne im Kreis der Familie oder mit Freunden gestellt werden kann. Ich garantiere, dass die Teilnehmer dieses Spontan-Quiz von der Antwort überrascht sein werden! Damit niemand vollkommen ins Blaue raten muss, gebe ich vier Antworten vor. Wer das Extra-Feeling braucht, lässt vielleicht begleitend die ›Wer wird Millionär?‹-Musik im Hintergrund laufen. Also:

WIE VIEL FRUCHTBARER BODEN GEHT IN DEUTSCHLAND TÄGLICH VERLOREN?
A Die Fläche von einem Fußballfeld
B Die Fläche von 10 Fußballfeldern
C Die Fläche von 50 Fußballfeldern
D Die Fläche verändert sich nicht

Eine zugegeben ungewöhnliche Frage in unseren Breitengraden. Fußballfeldgroße Flächenverluste und Umweltzerstörung bringt man hierzulande gemeinhin eher mit dem Regenwald in Verbindung. Möchte noch jemand den Telefonjoker benutzen und seinen alten Erdkundelehrer anrufen? Nein? In Ordnung. Dann schreiten wir zur Auflösung. Scheinwerfer auf die Teilnehmer, Trommelwirbel, schwitzige Hände … die richtige Antwort ist … E!

Deutschland verliert pro Tag nicht ein, zehn oder fünfzig Fußballfelder – sondern *hundert*.* Man sollte sich das klar machen: *Einhundert* Fußballfelder fruchtbaren Boden verlieren wir in Deutschland *jeden Tag*. Das ist eine Größenordnung, die aufrütteln sollte. Ich bin weit davon entfernt, mich zur berüchtigten »Früher war alles besser«-Fraktion zu zählen, aber manches war früher tatsächlich besser. Zum Beispiel gestern. Da hatten wir noch hundert Fußballfelder mehr fruchtbaren Boden. Oder vor einer Woche. Da waren es sogar 700 Fußballfelder mehr.

Die anhaltende Zerstörung unserer Böden wird uns vor allem in Zukunft Probleme machen, die Auswirkungen sind aber bereits heute nicht mehr zu übersehen. Wir sind es gewohnt, in den Nachrichten Meldungen zu hören, dass die deutschen Bauern in der aktuellen Saison mal wieder eine Rekord-Ernte einfahren konnten. Kartoffeln, Kartoffeln, Kartoffeln. Wunderschön. Was seltener erwähnt wird, ist, dass diese Erträge auf immer weniger Fläche produziert werden müssen.

---

* Streng genommen sind es sogar mehr als hundert. Das Institute for Advanced Sustainability Studies (IASS), der Bund für Umwelt- und Naturschutz Deutschland (BUND), die Heinrich-Böll-Stiftung sowie die französische Zeitung ›Le Monde diplomatique‹ gaben 2015 im gemeinsam herausgegebenen ›Bodenatlas‹ bekannt, dass in der Bundesrepublik jeden Tag 77 Hektar fruchtbarer Boden ganz oder teilweise seine Funktion verliert. Im populären Fußballfeld-Vergleich sind das in etwa 108 Fußballfelder, jedoch hat man sich in der Kommunikation des Problems allgemein auf die abgerundete »100« geeinigt. Hat einfach mehr Klang und bringt die Dramatik der Lage eindeutig rüber – auch wenn der tatsächliche Verlust **noch** höher liegt. #AbrundenBitte

Springen wir kurz in die Zeitmaschine und reisen zurück in den Herbst 2012. Pünktlich zum damaligen Welternährungstag, der sich traditionell mit der Gefahr von Hunger und Mangelernährung auseinandersetzt, erlaubte es sich das Statistische Bundesamt, darauf hinzuweisen, dass die landwirtschaftlich genutzte Fläche in Deutschland seit 1995 massiv sinkt. Innerhalb von nicht einmal einer Generation hatte das Land 700 000 Hektar zum Anbau von Nahrungsmitteln verloren. Um es auf Linie mit unserem kleinen Quiz-Exkurs zu bringen: Das ist umgerechnet die Fläche von fast einer *Million* Fußballfeldern, die Deutschland zur Erzeugung von Lebensmitteln abhandenkam. Das ist eine Menge. Und der Verlust wird größer, Tag für Tag. Hochleistungssaatgut und immer mehr Pestizide konnten einen entsprechenden Rückgang bei den Ernten zwar bisher auffangen, doch die schwindende Verfügbarkeit von gesunden Böden ist eine Realität, der sich auch eine im Überfluss lebende Gesellschaft wie die unsere eines Tages stellen müssen wird.

Mit diesem Problem steht Deutschland bei Weitem nicht alleine da. Die weltweite Zerstörung der Böden hat ein Ausmaß erreicht, das die Generalversammlung der Vereinten Nationen dazu veranlasste, das Jahr 2015 zum Internationalen Jahr des Bodens zu erklären, um auf die bedrohliche Lage aufmerksam zu machen.* Selbstverständlich spielen hier, wie bei jedem komplexen Pro-

---

* ... was offenbar suuuper funktioniert hat. Ich meine, wer von uns wusste nicht, dass 2015 Jahr des Bodens war? #EsWarSoBewegend #NeverForget

blem, mehrere Faktoren gewichtige Rollen. Neben der industriellen Landwirtschaft, die den Böden nach intensiver Bearbeitung kaum Gelegenheit zur Regeneration lässt, setzen auch große Infrastrukturprojekte, die Ausdehnung der Städte und nicht zuletzt der Klimawandel den Böden zu. Aber dass wir in Deutschland nicht die Einzigen sind, die sich mit immer weniger Flächen zur Erzeugung von Nahrungsmitteln konfrontiert sehen, sondern eine Verknappung fruchtbarer Böden weltweit zu beobachten ist – das sollte uns nicht beruhigen, sondern zu denken geben.

In der Tat sucht man in Deutschland bereits länger nach Wegen, die Umweltrisiken der konventionellen Landwirtschaft einzudämmen. Es gab auch vielversprechende Ansätze: Anfang des Jahrtausends setzte sich die damalige Bundesregierung aus SPD und Grünen das ehrgeizige Ziel, den ökologischen Landbau auf 20 % der gesamten landwirtschaftlich genutzten Fläche Deutschlands auszudehnen. Die negativen Folgen der chemieabhängigen Agrarindustrie, die langfristig Natur und Mensch gefährden kann, waren einfach zu offensichtlich geworden. Eine mutige Umgewichtung der Anbaumethoden sollte die Belastung der Böden und des Grundwassers verringern. Man muss sich vor Augen halten: Zum Zeitpunkt dieses Vorschlags wurden gerade einmal 4 % der deutschen Felder ökologisch bewirtschaftet. Ein beschämend geringer Anteil. Seitdem hat sich Gott sei Dank einiges getan! Nach langen Jahren intensiver Förderung und unnachgiebigem Einsatz der Spitzenpolitik liegt der Anteil des ökologischen Landbaus in Deutschland heute nicht mehr bei lächerlichen

4 %, sondern bei beeindruckenden 6 %. NA, HABEN WIR EIN GLÜCK, WOW, SUPI.

Einmal mehr hinken wir Deutschen, die wir uns gerne als globale Vorreiter in Sachen Nachhaltigkeit geben, im internationalen Vergleich hinterher. Man fühlt sich regelrecht unwohl: Neben unseren europäischen Nachbarn sehen unsere 6 % aus wie ein übergewichtiger, blasser Tourist an seinem ersten Tag im Kluburlaub neben dem gebräunten Animateur im Muskeltop. Italien bewirtschaftet über 10 % seiner landwirtschaftlichen Flächen ökologisch, die Schweiz mehr als 12 %, in Schweden sind es 16 % und in Österreich hat man die magische Grenze von 20 % bereits erreicht. Und wir Deutschen fordern als grüne Moralapostel des Kontinents weiter Nachhaltigkeit von allen und jedem, dümpeln aber bei der schonenden Behandlung des Bodens unter unseren eigenen Füßen weiter im unteren, einstelligen Bereich herum. Beschweren uns, dass Bio-Produkte nur was für Idioten sind, und fahren dann in Urlaub nach Österreich, weil da die Natur so schön erhalten ist.

Reife Leistung.

Doch wie lange können wir so weitermachen? Ähnlich wie Erdöl ist unser Boden keine unbegrenzte Ressource. Klar: Rein theoretisch kann sich beides wieder neu bilden. Organismen sterben, lagern sich in Gesteinsschichten ab und werden irgendwann in der Form von begehrtem Erdöl zu neuem Kraftstoff für unsere schicken Autos. Auch der Boden selbst kann sich erholen, neue Schichten bilden und irgendwann wieder so fruchtbar werden, dass er kapitales Gemüse hervorbringt.

Das Problem dabei: Der Regenerationsprozess dauert

länger, als wir Zeit haben. Im Gegensatz zu Erdöl, dessen Entstehung Millionen Jahre in Anspruch nimmt, ist die Bildung eines gesunden Bodens mit einer groben Dauer von einigen Tausend Jahren zwar verhältnismäßig flott. Allerdings sollte jeder, der schon mal mit Heißhunger in einem überfüllten Restaurant darauf gewartet hat, wann denn die quälend lahme Bedienung eeendlich zumindest die Vorspeise bringt, zugeben, dass tausend Jahre aufs Essen zu warten nicht besonders viel Spaß macht. Vor allem, wenn es nicht nur *gefühlte* tausend Jahre sind. Ein intaktes Erdreich ist für uns überlebenswichtig, und wir können es uns nicht erlauben, unsere Böden weiterhin – Achtung, mieser Schenkelklopfer – mit Füßen zu treten. Es sollte in unser aller Interesse liegen, diese elementare Lebensquelle zu schützen. Und nicht, die verbleibenden Stücke fruchtbares Land, die wir noch haben, so lange mit Chemie und Monokulturen zu überziehen, bis sie genauso tot und unbrauchbar geworden sind wie der Rest, den wir bereits aufgeben mussten.

Der Bio-Anbau tickt anders. Sämtliche chemisch-synthetischen Pestizide sind in der ökologischen Landwirtschaft strikt verboten. Bauern, die ihre Felder nach Bio-Richtlinien bestellen, verzichten auf künstliche Gifte, Wachstumsbeschleuniger und Unkrautvernichter. Sie arbeiten mit natürlichen Methoden, indem sie, wie eingangs bereits erwähnt, ihre Gemüse- oder Obstsorten auf den Feldern so durchmischen, dass sie sich aufgrund ihrer speziellen Eigenschaften gegenseitig stärken. Dieser Ansatz erfordert zugegeben ein etwas höheres Maß an Planung und Koordination als LASS UNS 40 000 TONNEN GIFT DRAUF KIPPEN, aber er hat sich bewährt und erfreut sich steigender Beliebtheit. Der Umsatz mit Bio-Produkten hat sich in Deutschland seit der Jahrtausendwende nahezu vervierfacht. Vor allem junge Menschen mögen es gerne umweltfreundlich. Bei den Deutschen, die unter 30 Jahre alt sind, greift fast jeder vierte regelmäßig zu Bio-Produkten. Ein ungeheuerlicher Wert, der Teilen der Lebensmittelindustrie vor einigen Jahren noch undenkbar schien.

Fassen wir noch einmal alles zusammen und beginnen mit einigen Eingeständnissen an die Bio-Skeptiker: *Ja*, Bio-Produkte sind teuer. Der umweltschonende Anbau von Lebensmitteln ist nicht billig. Durch den Verzicht auf chemische Zusätze fallen die Ernten von Bio-Bauern geringer aus. Dieser Produktivitätsrückstand gegenüber Chemie-Gemüse schlägt sich im höheren Preis nieder. *Ja*, Bio-Produkte schmecken nicht zwingend besser. Wer in eine Bio-Möhre beißt und eine nie dagewesene Geschmacksexplosion erwartet, wird zum einen enttäuscht sein und hat zum anderen das Prinzip von Bio nicht verstanden. Man zahlt nicht extra für einen besseren Geschmack (das ist grundsätzlich eh nicht möglich, da jeder einen anderen hat), man zahlt extra für eine bessere Produktionsbedingung. Und *ja*, in vielen Fällen sehen die unterschiedlich großen, verbogenen Öko-Gurken und Bio-Äpfel auch nicht so verführerisch aus wie ihre bis auf den Millimeter normierte Discounter-Konkurrenz mit greller Farbe und wächsernem Glanz. Aber der höhere Preis für die vermeintliche »Bio-Abzocke« bedeutet vor allem: Weniger Gift im Boden. Weniger Gift auf dem Essen. Weniger Gift im Urin.

Ein fairer Deal.

ENERGIE

Die Umweltschützer belügen dich:

»Der Atomausstieg war ein Fehler! Ökostrom,
wenn ich das schon höre! Das treibt nur die Preise
nach oben und vernichtet Arbeitsplätze!«

Ich wünschte, ich müsste dieses Kapitel nicht schreiben. Wirklich. Es bringt mich zur Verzweiflung, dass es selbst im heutigen Deutschland noch eine Debatte darüber gibt, ob wir Kernkraft brauchen. Die Diskussion ist dabei vor allem von zwei Dingen geprägt: der hartnäckigen Lobby-Arbeit der Atombranche und der ignoranten Ahnungslosigkeit vieler Bürger, bei denen deren Behauptungen und Halbwahrheiten auf fruchtbaren Boden fallen.

Aus Ärger über hohe Stromkosten beginnen viele Deutsche, Ökostrom zu verteufeln und sich nach der Atomkraft zurückzusehnen. Wenn erst einmal die Wutbürger laut werden, dauert es erfahrungsgemäß nicht lang, bis stimmenhungrige Populisten aus der Politik den

Unsinn nachblöken. Aus der **AfD** hört man schon wieder Forderungen nach einer Laufzeitverlängerung für Kernkraftwerke. *Obwohl* der Atomausstieg beschlossene Sache ist. *Obwohl* die Katastrophe von Fukushima erst wenige Jahre zurückliegt. *Obwohl* es im Schnitt alle drei Tage zu einem Störfall in deutschen Atomkraftwerken kommt.*

Um der Kernkraft dennoch zu einem Comeback zu verhelfen, denken sich die Vertreter der deutschen Atombranche allerlei lustige Wörter aus. Eines davon ist »Brückentechnologie«. In der Diskussion, ob man deutsche Atomkraftwerke nun abschalten solle oder nicht, wurde dieses Wort durch jede Talkshow, Zeitung und Bundestagsdebatte gejagt. Brückentechnologie, Brückentechnologie, Brückentechnologie. Der Begriff sollte den Eindruck vermitteln, dass Kernkraft nun mal trotz ihrer Schwächen notwendig sei, um uns in die *leider-leider* noch ferne Zukunft hinüberzuretten, in der grüne Energie irgendwann richtig funktioniert. Die Haltung der Atombranche: Schöne Idee mit den Windrädern und so, aber is doch alles noch nich ausgereift. Mal kommt viel Wind, mal kommt wenig, damit kann doch kein Mensch arbeiten. Ein Atomkraftwerk hingegen schaltest du einmal an und das Ding liefert und liefert und liefert. Deswegen, im

---

* Das **Bundesamt für Strahlenschutz** listet für die vergangenen 30 Jahre über 4000 Störfälle in deutschen Kernkraftwerken. Dazu gehören etwa beschädigte Kühlsysteme, das Entweichen radioaktiver Dämpfe oder Fehler im Reaktorschutzsystem. Das sind die »sichersten Kernkraftwerke der Welt«, über die Atomfans gerne reden. #SehrBeruhigend #ErzähltMirMehr

Namen der Sicherheit der deutschen Stromversorgung: Ihr Ökostrom-Freunde tüftelt weiter an euren Windrädchen und Papa Atom hält solange den Laden zusammen. Wenn ihr den Dreh raushabt, können wir ja noch mal reden. Wir halten euch in der Zwischenzeit den Platz frei. So tönt es jedenfalls von den Atomfreunden.

Brückentechnologie. Das Wort ist so gut. Es klingt seriös, ausgewogen, und nicht zuletzt erklärt es sich auch dem Durchschnittsbürger trotz des wissenschaftlich anmutenden Klangs quasi von selbst. Das Wort klingt sogar so gut, dass bis heute nur wenige wissen, dass es kein Wort aus der Wissenschaft ist. Es wurde im Auftrag der Energiewirtschaft von einer Kommunikationsagentur *erfunden.** Bis vor wenigen Jahren existierte dieser Begriff in der deutschen Sprache überhaupt nicht. Die Absicht dahinter: die veraltete Atomkraft besser dastehen zu lassen. Indem man die Kernenergie nicht mehr ohne Vorbehalt als problemlose Wundertechnologie anpries, sondern als – nicht perfekte, aber immerhin zuverlässige – Übergangslösung bezeichnete, sollte Kritikern der Wind aus den Segeln genommen und eine Laufzeit-

---

* Lobbyismus-Experte Andreas Kolbe schrieb dazu im Fachmagazin ›politik & kommunikation‹: »Die Agentur hat mit ihrer pfiffigen Erfindung das womöglich erfolgreichste Kunstwort der vergangenen Jahre entwickelt. Selbst bei Wikipedia ist es mittlerweile zu finden, und die Atomenergie dient dort nur als ein Beispiel dafür. Unerwähnt bleibt, dass es sich um ein interessengeleitetes Sprachprodukt handelt.« Ich muss zugeben, auch ich bin vom Erfolg dieser Wortneuschöpfung beeindruckt. Wer immer sich diesen Begriff aus dem Hut gezogen hat, verdient eine fette Gehaltserhöhung – oder eine Backpfeife. #JeNachStandpunkt #IrgendwieSogarBeides

verlängerung für die alten Meiler erreicht werden. Dass es also zu keiner Verwechslung kommt: Das Wort »Brückentechnologie« war nie ein fachlicher Terminus. Es war von Anfang an *Werbung.*

Man sollte das stets im Hinterkopf behalten, wenn einem wieder jemand erzählen will, dass der Atomausstieg ein gewaltiger Fehler sei und dass wir Kernkraft als »Brückentechnologie« bräuchten. Auf diese unsicheren Windräder (»Was, wenn kein Wind weht?!«) und Solaranlagen (»Was, wenn keine Sonne scheint??«) könne man sich doch nicht verlassen mit ihrem »Zufallsstrom«!*

Diese angebliche Besorgnis der Atomlobby um die Sicherheit der deutschen Bürger rührt mich immer wieder zu Tränen. Nein, wirklich! Vor Lachen. Da plustern sich die Betreiber der Atomkraftwerke zu Beschützern des Volkes auf. Mitfühlende Unternehmer, die krank vor Sorge sind, ob deutschen Großmüttern durch einen nächtlichen Stromausfall ungewollt der Kühlschrank abtaut oder ein Kind ganz traurig in seinem Zimmerchen hockt, weil der Akku vom iPad sich nicht laden lässt.:(Es zerreißt der Atomindustrie regelrecht das Herz. Womit sie allerdings offenbar weit weniger Probleme hat: Derselben Bevölkerung, um die sie sich angeblich solche tiefgreifenden Sorgen macht, hochgiftigen Müll bis zum Sankt-Nimmerleins-Tag ans Bein zu binden.

Radioaktiver Abfall. Das ist für mich persönlich der

---

* »Zufallsstrom« ist ein weiteres Kunstwort, das die erneuerbaren Energien diskreditieren soll. Im Gegensatz zu »Brückentechnologie« konnte es sich aber nie so stark in der breiten Öffentlichkeit verankern. #SchadeSportsfreunde #NenVersuchWarsWert

Punkt, der jegliche Diskussion um Sinn und Sicherheit der Kernenergie augenblicklich beendet. 60 Jahre lang betreiben wir auf dieser Welt bereits Atomkraftwerke, und *noch immer* haben wir keine wirkliche Idee, was wir mit dem dabei anfallenden Müll eigentlich machen sollen. Das muss man sich mal vorstellen: In den vergangenen sechs Jahrzehnten sind wir auf dem Mond gelandet, haben das Internet erfunden und Lebewesen geklont.[*] Nur in Sachen Atommüll ist die beste Idee der Menschheit immer noch: Na ja, wir könnten es in Fässer stecken und vergraben …? Das ist der glorreiche Plan, den uns die Atomindustrie seit Jahrzehnten als sichere Lösung andrehen will. Tiefes Loch finden, Müll rein, tschööööö! Was soll das sein? Ich versuche mir vorzustellen, wie die Besprechung ausgesehen haben muss, in der das beschlossen wurde. »Einfach vergraben« klingt für mich wie die erste dumme Idee am Tisch, die irgendjemand aus Spaß in den Raum geworfen hat; und weil niemand eine bessere hatte und alle nach Hause wollten, ging es irgendwie durch. Stromberg-Style. Mit den Folgen kämpfen wir bis heute. Denn nicht einmal diese lächerliche Schnapsidee konnte umgesetzt werden.

Schon der Versuch, den giftigen Dreck in einem ehemaligen Bergwerk in Niedersachsen (Asse) zumindest

---

[*] Es ist wirklich verrückt, wie antik diese Technologie tatsächlich ist. Als in den 50er-Jahren das erste zivile Atomkraftwerk den Betrieb aufnahm, war gerade die erste vollautomatische Waschmaschine erfunden worden. Kein Witz: Als die ersten Atomkraftwerke anliefen, wuschen viele Menschen ihre Wäsche noch von Hand. **So** alt ist diese Form der Energiegewinnung. #OldschoolZumQuadrat

*probe*weise zu lagern, scheiterte auf ganzer Linie. Das blöde Grundwasser wollte einfach nicht mitspielen. In den 60ern wurde sie noch als todsicheres Vorzeigeprojekt präsentiert, heute fließen täglich 12 000 Liter Wasser in die skandalträchtige – und mittlerweile einsturzgefährdete – Anlage. Der bereits eingelagerte Atommüll? Muss nun wieder rausgeholt werden. Das **Bundesumweltministerium** rechnet dafür mit Kosten von 10 Milliarden Euro. Das verbrannte Geld kann man fast schon riechen. *10 Milliarden!*

Für nix.* Alles, was übrig bleibt, sind verstrahlte Höhlen und jede Menge schlechte Presse. Einer Lösung des Problems sind wir dafür immer noch nicht näher. Nach wie vor hat Deutschland kein »Endlager« für seinen Atommüll. Was die Frage aufwirft: Wenn wir aktuell keinen solchen Ort haben – wo, verflixt noch mal, kommt der radioaktive Abfall, den wir jetzt schon haben, so lange hin?

Wer sich dieses Kapitel am späten Abend gönnt, sollte sich an diesem Abschnitt überlegen, ob er nicht lieber Pause macht und morgen weiterliest, wenn es hell ist. Die Antwort darauf ist nämlich ziemlich gruselig. In dem Sinne: Lesezeichen rein, gute Nacht und bis morgen!

Wer fortfährt: festhalten.

---

* Nun ja, ganz umsonst war das Projekt nicht. Immerhin hat es auch dem letzten Atomanhänger in Deutschland demonstriert, dass man sich für seinen Müll zwar ein schönes Loch in der Erde suchen kann, aber niemand weiß, wie dieses Plätzchen nach ein paar Jahren aussieht. Ob es für diese Erkenntnis jetzt 10 Milliarden Euro gebraucht hätte, sei jedoch dahingestellt. #VerrückteNatur #MussImmerRumzicken

Der hochgefährliche Atommüll, der in den deutschen Kraftwerken tonnenweise anfällt, wird derzeit in sogenannten »Zwischenlagern« gesammelt. Der Name ist dabei ein wenig irreführend. Immerhin sollte ja schon das eben erwähnte, grandios gescheiterte Asse-Bergwerk lediglich ein »Zwischenlager« sein. Doch die Situation ist bei dieser Art von Lagern noch katastrophaler. Denn es handelt sich um *oberirdische* Sammelstellen. Wer diese Einrichtungen einmal gesehen hat, bekommt die Bilder nicht mehr aus dem Kopf.

Bestimmt kennt jeder die berühmten gelben Fässer, in denen der Atommüll in der Regel aufbewahrt wird. Die, die in den Nachrichten immer in dunklen, verlassenen Bergstollen gezeigt werden. Überraschung: Dieselben Fässer stehen in den Zwischenlagern. Allerdings nicht von der Bevölkerung abgeschirmt in Hunderten Metern Tiefe – sondern in simplen Lagerhallen, teilweise mitten in unserer eigenen Nachbarschaft!

Nur als Beispiel: Ich wohne in Berlin. Auch hier gibt es ein Zwischenlager. Im Ortsteil Wannsee lagern Hunderte Fässer Atommüll. In der größten Stadt Deutschlands, mitten in einem Wohngebiet. Die meisten Berliner wissen das nicht einmal. Vielleicht tun sie auch besser daran, denn ruhiger schlafen würden sie danach kaum. Die ansässige SPD beschreibt die Lage so:*

---

* Genauer gesagt war es die SPD-Ortsgruppe Nikolassee/Schlachtensee/Wannsee, die im Winter 2012 einen offenen Brief veröffentlichte, in dem sie nachdrücklich auf die Gefahren des Zwischenlagers hinwies. Geändert hat sich natürlich trotzdem nichts. #WarumÜberraschtMichDasNicht

»In dünnwandigen Hallen lagern jetzt dort etwa 700 Kubikmeter radioaktive Abfälle in Containern, Fässern und Regalen. Das ist auch nach Auffassung des Bundesamtes für Strahlenschutz ein Gefahrenpotenzial. [...] Es ist ein unhaltbarer Zustand, dass es hier seit langer Zeit mitten in einer Metropolenregion eines der bundesweit größten Zwischenlager für radioaktiven Abfall gibt [...] in einfachen Lagerhallen, nur mit zwei Zäunen gesichert.«

Ich weiß ja nicht, wie's euch geht. Aber mich beunruhigt das. Ich erinnere mich auch noch an die Debatten nach den Anschlägen vom 11. September 2001, als heftig darüber diskutiert wurde, dass man nun einen Weg finden müsse, Atomkraftwerke gegen Flugzeugabstürze und Terroristen zu schützen. Die atomare Bedrohung reißt uns jedenfalls zwischen zwei Fronten hin und her: Auf der einen Seite müssen wir die aktiven Kraftwerke gegen Angriffe und Unfälle absichern, auf der anderen Seite ein Endlager für ihre Hinterlassenschaften (sprich, den Atommüll) suchen. Man kann es sich vorstellen wie ein Tauziehen um die Aufmerksamkeit von Politik und Bürgern: Kraftwerke, Endlager, Kraftwerke, Endlager! Wichtig, wichtig! Währenddessen stehen die Zwischenlager unbeteiligt daneben und fragen sich, warum sie kaum jemand bemerkt.

Dabei verbindet (und übertrifft!) diese Art der Lagerung das Schlechteste *beider* Seiten: Die Zwischenlager sind so ungeschützt wie die Kraftwerke und der Atommüll in ihnen noch näher an der Bevölkerung als in einem unterirdischen Endlager. In der öffentlichen

Diskussion spielen sie aber bis heute kaum eine Rolle. Es macht mich ehrlich fertig, wenn ich die Fotos sehe, auf denen reihenweise Fässer voll mit hochradioaktiver Pampe einfach in Regalen einer Lagerhalle rumstehen. **Greenpeace** warnt davor, dass bereits in einem einzigen Zwischenlager die zigfache Menge an Radioaktivität gelagert werde, die bei der Katastrophe von Tschernobyl freigesetzt wurde. Für die Jüngeren unter den Lesern: In den 80ern ging in der Ukraine ein Atomkraftwerk hoch; dabei wurde so viel Strahlung abgegeben, dass die Radioaktivität sogar bei uns in der Milch deutscher Kühe nachgewiesen werden konnte. Super, oder? Jetzt stellt euch das Ganze in eurer eigenen Nachbarschaft vor. Geschützt von nicht viel mehr als einer Halle, die aussieht wie ein heruntergekommener IKEA. Schon eins dieser Zwischenlager ist mir persönlich zu viel. 15 davon haben wir in Deutschland.

Was passiert eigentlich, wenn wirklich etwas schiefgeht? Wer ist für die Folgen verantwortlich und kommt für die Schäden auf? Nun, die Betreiber der Atomkraftwerke schon mal nicht! Auch das ist gruselig: *Kein einziges Atomkraftwerk* dieser Welt ist ausreichend versichert! Keines! Das ist nur schwer zu glauben, da so gut wie jeder von uns selbst eine Haftpflichtversicherung hat – ihr wisst schon, falls man mal beim Parken den Wagen vor sich schrammt oder bei 'nem Bekannten 'ne Vase umschmeißt. Aber ausgerechnet die Betreiber von Atomkraftwerken, die mit einer Kernschmelze die halbe Welt verstrahlen könnten, agieren ohne ausreichende Versicherung? Vertreter der Atomindustrie wiederholen zwar gebetsmühlenartig, dass die Technologie sicher sei: Keine Sorge, alles tippi-toppi! ♥ ... nur handelt es sich bei diesen Beteuerungen eher um einen beliebten Running Gag im Versicherungswesen als um eine Beschreibung der tatsächlichen Zustände.

Halten wir uns zunächst eines vor Augen: Es gibt auf dieser Welt die windigsten Geschäftemacher und Glücksritter. Aber niemand, ich wiederhole, *niemand*, hat die Chuzpe, ein Atomkraftwerk zu versichern. Selbst in der risikofreudigen Gesellschaft von heute, in der Sportwetten darauf abgeschlossen werden, wie viele Tore in der zweiten Halbzeit eines Drittliga-Fußballspiels fallen, ist niemand so verrückt, sein Geld darauf zu wetten, dass ein Kernkraftwerk reibungslos funktioniert. Denn machen wir uns nichts vor: Nichts anderes bedeutet die Weigerung von Versicherungen, die Risiken für ein Kernkraftwerk zu übernehmen. Bei einem Unfall würden schließlich riesige Summen Schadenersatz fällig werden – Summen, die sich nicht einmal die profitabelsten Energiekonzerne oder größten Versicherungen der Welt leisten können. Laut den **Versicherungsforen Leipzig** müsste allein die Haftpflichtversicherung für ein einziges (!) Atomkraftwerk 72 Milliarden Euro kosten – jährlich!

Egal, wie die Versprechen der Atomlobby lauten, egal, ob ein Atomkraftwerk 60 Jahre alt ist oder brandneu – *niemand* wettet ernsthaft sein Geld darauf, dass es bis zu seiner Stilllegung tatsächlich ohne Probleme funktioniert. Dieser Sachverhalt sollte uns einiges über die Verlässlichkeit dieser angeblich topsicheren Technologie verraten – und auch den größten Atomanhänger nachdenklich stimmen!

Natürlich: Auch die erneuerbaren Energien können gefährlich sein. Wenn auf dem Acker ein Windrad umkippt, ist auf einer Länge von, sagen wir, 100 bis 200 Metern alles kaputt! Tragisch. Die bis zu 100 000 Vögel, die jährlich durch Windräder sterben sollen, sind tatsächlich ein Problem.*

Wann immer es um die Risiken der erneuerbaren Energien geht, vermeiden es die Atomlobbyisten aber lieber, über solche Dinge zu sprechen. Sie wissen, wie lächerlich das wirkt, verglichen mit der Gefahr der potenziellen Verstrahlung ganzer Landstriche, die im Ernstfall von den Atomkraftwerken ausgeht. Stattdessen versuchen sie ihre eigenen Stärken so gigantisch aufzublasen, dass es den Deutschen angst und bange werden soll, vor einem Land ohne sie.

Damit sind sie nicht alleine. Die deutsche Kohleindus-

---

* Wobei diese Zahl lediglich eine – mit Vorsicht zu genießende – Schätzung ist. Dr. Hermann Hötker, Leiter des Michael-Otto-Instituts im Naturschutzbund Deutschland (Nabu), schätzte im Interview mit dem **Focus**, dass in der Bundesrepublik durch Windräder »zwischen 10 000 und 100 000 [Vögel] pro Jahr« umkommen. Diese Schätzung bietet eine bemerkenswert große Spanne an Ungenauigkeit. Im Sinne aller Tierfreunde wünsche ich mir also, dass die Zahl der Windrad-Opfer in Wahrheit weit geringer ist, als die pessimistischsten Hochrechnungen hergeben! Selbst wenn man vom schlimmsten Szenario ausgeht (also 100 000 tote Vögel im Jahr), würde das bei derzeit 26 000 Windenergieanlagen in Deutschland bedeuten, dass statistisch an jeder Anlage nur etwa ein Vogel alle drei Monate sein Leben verliert. Übrigens: Wer Windräder abschaffen will, weil er Vögel schützen möchte, könnte bei der Gelegenheit gleich noch die Haltung von Katzen verbieten. Laut dem Max-Planck-Institut für Ornithologie töten Katzen jährlich 50 Millionen Vögel in Deutschland. #DamnNatureYoureScary

trie tickt ganz ähnlich. Ihre Vertreter unterscheiden sich in ihrem verzweifelten Kampf gegen die erneuerbaren Energien kaum von den Atomlobbyisten. Als Verfechter von Atom und Kohle stehen beide Seiten für die alten, »konventionellen Energien«. Weil das ein furchtbar dröger Begriff ist, erlaube ich mir die Freiheit, sie für den Rest dieses Kapitels »Steinzeit-Energie« zu nennen.[*] Es gibt sie seit Ewigkeiten, viele sind davon fasziniert und eigentlich ist ihre Zeit längst vorbei. Die Vertreter der Steinzeit-Energie versuchen jedoch, so viel Zeit wie möglich für ihre veralteten Produkte herauszuschlagen. Dazu setzen sie vor allem auf *Angst*. Es gibt drei große Schreckensszenarien, die der Öffentlichkeit von der Steinzeit-Lobby immer wieder eingehämmert werden.

Die erste Angst:
Die Energiewende zerstört Arbeitsplätze!

Damit trifft man die Deutschen immer. Arbeitsplätze, Arbeitsplätze! Zehntausende Deutsche arbeiten in der Atom- und Kohleindustrie. Die Steinzeit-Branche präsentiert sich gerne als Jobmotor. Dieses Selbstbild dient jedoch nicht nur als Image-Schub, sondern gleichzeitig

---

[*] Streng wissenschaftlich ist das ziemlich unkorrekt, da die Steinzeit erst vor etwa 2,6 Millionen Jahren begann. Das Öl und die Kohle, die wir heute fördern, sind aber noch weitaus älter und stammen größtenteils aus der Zeit der Dinosaurier. Ich hätte also auch von »Dino-Energie« sprechen können – aber das hätte dann doch einen Tick zu sympathisch geklungen. #KommtSchon #JederLiebtDinos

als Drohkulisse gegenüber Politikern. Nach dem Motto: Wer A wie »Atomausstieg« sagt, muss auch B wie »beleidigte Wähler« sagen. Wer seinen Job bei den Steinzeit-Energien verliert, wird wohl kaum bei der nächsten Wahl sein Kreuzchen bei der Partei machen, die dafür verantwortlich ist. Es gibt also durchaus ein Druckpotenzial: Welcher Politiker will schon die Stimmen Tausender Wähler verlieren?

Überhaupt: Kann es sich unser Land eigentlich erlauben, so viele Arbeitsplätze aufs Spiel zu setzen? Also nicht nur politisch, sondern auch volkswirtschaftlich? Werfen wir einen Blick auf die Anzahl der Beschäftigten: Im Bereich der Steinkohle arbeiten 10 000 Menschen, die Braunkohleindustrie zählt 70 000 Beschäftigte, und in der Atombranche gibt es 30 000 Arbeitsplätze. Insgesamt geht es also um 110 000 Jobs in Deutschland, wenn wir über Atom und Kohle sprechen.

Erneuerbare Energien schön und gut: Doch kann man zu ihren Gunsten andere Industrien wirklich aufgeben? Man stelle sich vor, alle diese Arbeitsplätze gingen tatsächlich verloren. 110 000 Beschäftigte, einfach so. Was würde das mit unserem Land machen? Könnte sich der deutsche Arbeitsmarkt von so einem Verlust erholen?

Spulen wir die Zeit ein Stück zurück. Im Winter 2015 sank die Zahl der sozialversicherungspflichtigen Beschäftigten in Deutschland vom November auf den Dezember um 239 000. Ich formuliere das mal um: Innerhalb nur eines Monats (!) gingen bei uns *mehr als doppelt* so viele Arbeitsplätze verloren, wie die gesamten Atom-, Braunkohle- und Steinkohlebranchen *zusammen* haben. MEINE GÜTE! Was war geschehen?! Wie konnten so viele Menschen so schnell ihren Job verlieren?? Welche dunklen Mächte waren da am Werk, und wieso haben **BILD**, **Spiegel** und Co. zu diesem unerhörten Wirtschaftseinbruch keine Sonderausgaben und riesigen Titelblätter gebracht???

Nun, es gibt viele Worte, diesen Vorgang zu beschreiben. Aber ich denke, eines bringt es am besten auf den Punkt: *Alltag*.

Monat für Monat schwanken die Zahlen auf dem Arbeitsmarkt und zwar in Mengen von Zehn- bis Hunderttausenden Beschäftigten. Nur mal zur Größenordnung: Im Dezember 2015 gab es über 31 Millionen sozialversicherungspflichtige Beschäftigte in Deutschland.* Genauer gesagt: 31 178 000. Das ist die offizielle Angabe der **Bundesagentur für Arbeit**. Würde man auf einen Schlag alle Arbeitsplätze der Steinzeit-Energien streichen (was übrigens vollkommen illusorisch ist und niemand je gefordert hat), läge die Zahl immer noch bei 31 068 000. Wer seinen Taschenrechner gerade nicht parat hat: Das ist eine Veränderung von gerade einmal 0,3 %. Jetzt stellt euch diese Entwicklung zusätzlich nicht auf einen Schlag, sondern über Jahre vor. Der deutsche Arbeitsmarkt kann den Verlust der Steinzeit-Branchen nicht nur verkraften, er würde ihn nicht einmal bemerken.

---

* Die Bundesregierung gibt gerne an, dass es insgesamt sogar 43 Millionen Erwerbstätige in Deutschland gebe. Allerdings wird da dann wirklich alles reingezählt, was nicht bei drei aufm Baum ist, also z. B. auch der Nachbarsjunge von nebenan, der einmal die Woche Prospekte austrägt. »Beschäftigt« und »erwerbstätig« sind zwei verschiedene paar Schuhe, daher rede ich hier von 31 statt von 43 Millionen! #NurDassIhrWisst

Die erneuerbaren Energien hingegen übertreffen Atom und Kohle schon heute um Längen. Rund 370 000 Menschen arbeiten in der regenerativen Energiewirtschaft. Mehr als dreimal so viele wie in der Steinzeit-Industrie.* Im Gegensatz zu den Riesenkonzernen der alten Branchen entstehen die Jobs im Feld der Öko-Energien aber in vielen kleinen und mittleren Unternehmen. Keine wenigen Stromgiganten mehr, die den Markt unter sich aufteilen. Sondern viele, viele dezentrale Anbieter und Dienstleister, die in ihren Regionen aktiv werden und Arbeitsplätze schaffen. Trotzdem wird immer wieder versucht, sie als Jobkiller darzustellen. Ein durchschaubares Manöver, wenn man die tatsächlichen Zahlen kennt.

Die zweite Angst:
Die Energiewende macht dich arm!

Diese Behauptung lässt mich mit den Zähnen knirschen. Sie ist eine klassische Halbwahrheit, die deshalb

---

* Übrigens: Falls sich jemand fragen sollte: »Hey, was ist eigentlich mit Gas und Öl? Zählst du die nicht zu Steinzeit-Energien?« Beide gehören ebenfalls den konventionellen Energieträgern, das ist richtig. Im Gegensatz zu Atom und Kohle spielen sie aber zur Stromerzeugung, um die es hier geht, in Deutschland praktisch keine Rolle. Daher lasse ich sie bewusst außen vor. Doch selbst wenn ich die Beschäftigten aus der hiesigen Gas- und Ölbranche zu Atom und Kohle dazurechnen würde, käme die »Steinzeit-XL«-Branche (also Öl/Gas/Atom/Kohle) mit rund 215 000 Arbeitsplätzen immer noch nicht einmal in die Nähe der erneuerbaren Energien.

so effektiv ist, weil jeder Bürger anhand seiner eigenen Stromrechnung sofort merkt, dass Strom tatsächlich immer teurer wird. Seit der Jahrtausendwende haben sich die Stromkosten nahezu verdoppelt. Aber woran liegts? Der Schuldige dafür ist von den Steinzeit-Lobbyisten schnell ausfindig gemacht: Die erneuerbaren Energien sinds!

Bevor es ans Eingemachte geht, ein bisschen Hintergrundinfo zum besseren Verständnis: Im Jahr 2000 rief die deutsche Politik das »Erneuerbare-Energien-Gesetz« (EEG) ins Leben. Merken, dieses Gesetz ist wichtig! Es betrifft Stromproduzenten, Netzbetreiber und letztlich auch die Bürger. Seine Funktionsweise vollständig zu erläutern würde den Rahmen dieses Kapitels sprengen. Extrem verkürzt könnte man das Gesetz und seine Folgen für uns so zusammenfassen: Um den Ausbau von Ökostrom zu finanzieren, müssen wir auf unsere Stromrechnungen einen Zuschlag für erneuerbare Energien bezahlen.

Hört sich unangenehm an, oder? *Zuschlag auf die Stromrechnung* – da rollt es doch jedem die Fußnägel hoch! Diese verständliche Abneigung wird gerne von Managern und PR-Profis der Steinzeit-Branchen ausgenutzt, um Stimmung gegen grüne Energie zu machen: »Schaut her, was euch die Erneuerbaren gebracht haben! Eure Strompreise sind seit der Einführung des EEG immer nur gestiegen! Preistreiber Ökostrom!«

Dass die Preise exorbitant gestiegen sind, daran besteht kein Zweifel. Um schwindelerregende 92 % haben sich die durchschnittlichen Stromkosten für Privathaushalte seit Einführung des EEG erhöht. Unerhört! Der

Gag ist nur: Der EEG-Zuschlag* selbst macht bloß rund 22 % des Strompreises aus. Spannende Frage also: Wie kann er den Preis *verdoppeln*, wenn er *weniger als ein Viertel* davon ausmacht?

Hier passt wohl der gute, alte Spruch: »Wenn du mit einem Finger auf jemand anderen zeigst, zeigen vier Finger auf dich selbst.« Die Lobbyisten der Steinzeit-Energie zeigen die ganze Zeit auf das böse, böse EEG als Ursache für steigende Preise. Doch gleichzeitig benutzen sie es als Ausrede, um sich die Taschen zu füllen. Von 2008 bis 2013 sanken die Preise an der Strombörse um *mehr als die Hälfte*. Die Stromkonzerne gaben die fallenden Preise jedoch nicht an ihre Kunden weiter. Im Gegenteil: Sie *erhöhten* die Preise. Begründung: EEG! Als sich allein zwischen 2006 und 2010 die Gewinnmargen der großen Stromkonzerne *verdreifachten*, senkten die Unternehmen ihre Preise? Nein, die Preise stiegen. Begründung: EEG! Jedes Mal, wenn die Kosten für die Konzerne fielen, aber für die Verbraucher wie von Geisterhand stiegen, nutzten die Unternehmen das Feigenblatt »EEG«. Der **Bund der Energieverbraucher** fand deutliche Worte für das Geschäftsgebaren der Energiekonzerne und sprach von einem »Milliarden-Raubzug« gegen die Bürger.

---

* Die offizielle Bezeichnung lautet übrigens EEG-»Umlage«. Mit ihr wird bei Ökostrom die Differenz zwischen der gesetzlich garantierten Einspeisevergütung und dem tatsächlich am Markt erzielten Preis ausgeglichen. Den Begriff »Zuschlag« finde ich hier zur Veranschaulichung jedoch leichter verständlich – nicht zuletzt deshalb, weil es für jeden Stromkunden am Ende des Monats nun mal faktische Mehrkosten sind!

Dabei könnten die EEG-Kosten – und damit die Strom-kosten! – für uns Otto-Normalverbraucher geringer sein, wenn die Wirtschaft sich nicht aus der Verantwortung ziehen würde. Die deutsche Industrie ächzt immer wieder über die hohen Kosten der Energiewende. Oh, wie sind die Unternehmen belastet, oh, wie setzt ihnen das EEG zu! Da tropfen den deutschen Wirtschaftskapitänen dicke Tränen aufs weiche Porschelenkrad. Doch konzentrieren wir uns auf die Fakten: Die energieintensive Industrie in Deutschland verbraucht rund ein Fünftel allen Stroms. Das ist eine ganze Menge. Gleichzeitig zahlt sie aber nur 0,3 % aller EEG-Kosten. Anders ausgedrückt: Die angeblich vom EEG so bedrohte Industrie hat mit 99,7 % aller EEG-Kosten überhaupt nichts am Hut!

Wie das möglich ist? Durch großzügige Rabatte der Bundesregierung. Sie hat in den vergangenen Jahren Tausende Unternehmen von der EEG-Zahlung befreit. Das Zauberwort hieß »Besondere Ausgleichsregelung« und ermöglichte EEG-Rabatte für die deutsche Wirtschaft in Höhe von bis zu 99 %!* Ein attraktiver Deal!

---

* Um fair zu bleiben, will ich erwähnen, dass es tatsächlich Unternehmen gibt, für die eine EEG-Befreiung sinnvoll ist. Betreiber deutscher Aluminiumhütten müssen etwa international mit Produzenten aus China konkurrieren. Bei der gigantischen Menge an Strom, die die Herstellung und Verarbeitung von Aluminium verschlingt, können die zusätzlichen Kosten durch das EEG (die Anbieter in anderen Ländern nicht haben) ein ernster Wettbewerbsnachteil sein. Daher haben Ausnahmen grundsätzlich eine Berechtigung – sofern sie sinnvoll sind bzw. sich die Unternehmen auf dem Weltmarkt behaupten müssen. Als 2014 jedoch bekannt wurde, dass auch die Stadtwerke von Berlin, Bochum

Klar, dass da viele dabei sein wollten. Die Anträge auf EEG-Befreiung stapeln und stapeln sich seitdem. Mittlerweile hat die Bevorzugung der Industrie so ein Ausmaß angenommen, dass man selbst im Bundeswirtschaftsministerium erschrocken zurückruderte und mehrere Hundert Firmen nun doch wieder zur Kasse bitten will.

Was mich aber noch mehr auf die Palme bringt als sämtliche Diskussionen über das böse, böse EEG: Wenn die Atom- und Kohleindustrie sich allen Ernstes darüber beschwert, dass Ökostrom ja nur subventioniert werde. Der Vorwurf: Grüner Energie werden Milliarden Euro einfach so hinterhergeworfen! Wow. Harte Worte von der Steinzeit-Branche.

Vor allem, da sie selbst nur überlebensfähig ist, weil sie seit Jahrzehnten mit Steuergeldern gestützt wird. Staatliche Hilfe und Vergünstigungen im Wert von mindestens 626 Milliarden Euro sollen die deutsche Atom- und Kohleindustrie bis heute erhalten haben, hat das renommierte **Forum Ökologisch-Soziale Marktwirtschaft (FÖS)** errechnet. Warum sich darüber niemand beschwert? Weil wir diese Kosten nicht jeden Monat mit unserer Stromrechnung unter die Nase gerieben bekommen, sondern sie versteckt über unsere Steuern bezahlen. Aus den Augen, aus dem Sinn. Dieses Spiel beherrscht die Steinzeit-Lobby blendend. Würde man die Kosten für Umweltschäden, Lagerung des Atommülls etc. als *Steinzeit-Zuschlag* ähnlich wie das EEG an-

---

und München von den EEG-Zahlungen befreit wurden, kommentierte die **Süddeutsche Zeitung** herrlich lakonisch: »Dass diese Firmen nach Asien abwandern? Unwahrscheinlich.«

geben, wären die alten Energien *doppelt so teuer* wie Ökostrom.*

Aber es gibt noch einen viel wichtigeren Unterschied, was die Förderung von Atom/Kohle und Wind/Sonne betrifft: Wenn wir die Steinzeit-Energien subventionieren, haben wir am Ende verstrahlten Müll in unserer Erde und tonnenweise CO_2 in unserer Luft. Wenn wir grüne Energie fördern, könnten wir stattdessen dazu übergehen, unsere Heimat nicht auszubeuten, sondern zu bewahren. Und das wäre doch wirklich mal ein Schritt nach vorne.

Die letzte Angst: Blackout!

Mein absolutes Lieblingsszenario. Die Behauptung, dass die erneuerbaren Energien so unzuverlässig sind, dass wir uns durch sie selbst den Saft abdrehen. Unterstützt Ökostrom und bei euch gehen die Lichter aus – dieses Bild bemüht die Steinzeit-Lobby. Dabei werden immer wieder dieselben zwei (rhetorischen) Fragen gestellt: Was, wenn kein Wind weht? Und was, wenn keine Sonne scheint?!

Es mag für manch einen verlockend sein, sich in diese zunächst überzeugend klingende Panikmache hineinzusteigern. Blöderweise weht der Wind dann doch ziemlich regelmäßig. Die Sonne spielt auch mit – ja, selbst hier in Deutschland. Die erneuerbaren Energien funk-

---

* Bzw. was heißt »wären« – sie sind es, nur, dass wir es eben versteckt über Steuern statt über die Stromrechnung bezahlen!

tionieren tatsächlich so gut, dass sie bereits heute mehr Strom produzieren als jeder andere Energieträger, den wir nutzen. Mehr als Atomkraft, mehr als Steinkohle, mehr als Braunkohle. Gut ein Drittel des in Deutschland erzeugten Stroms ist heute Ökostrom. Die angeblich so unzuverlässigen Windräder und Solaranlagen geben in Wahrheit so viel Saft, dass sie sogar ein Überangebot an Strom schaffen! Durch sie kommt so viel Energie auf den Markt, dass die Preise für Industriestrom seit Jahren nur noch *sinken*. Die Steinzeit-Branchen unterschlagen diese Information gerne: Aber wir haben nicht zu *wenig* Strom, wir haben zu *viel* Strom! Wir haben solche Mengen davon, dass wir ihn nicht mal mehr selbst verbrauchen können! Stattdessen leiten wir ihn weiter ins Ausland, und das nicht zu knapp. Seit 2012 hat Deutschland jedes Jahr neue Rekordwerte beim Stromexport aufgestellt.[*]

Okay, okay, mag ja alles sein, wiegeln die Steinzeit-Lobbyisten ab. Aber das klappt doch alles nur, so sagen sie, weil die Kohlekraftwerke und Atomreaktoren eben doch einspringen, wenns wirklich mal zu schattig oder windstill ist! Steinzeit-Energie sei trotz allem unverzichtbar!

---

[*] Wohlgemerkt: Diese Rekorde gelangen, obwohl bereits 2011 als Folge der Katastrophe von Fukushima die Hälfte der deutschen Atomkraftwerke stillgelegt wurde! #MehrGrünePowerAlsDerHulk
PS: Die hohen Werte des deutschen Stromexports liegen auch daran, dass die veralteten Steinzeit-Kraftwerke sich nicht flexibel an den tatsächlichen Bedarf anpassen können. Selbst wenn erneuerbare Energien so viel Strom liefern, dass man auf ein Kohlekraftwerk verzichten könnte, lässt man es stattdessen einfach weiterlaufen. Auf diese Weise entstehen noch größere Überkapazitäten.

Auch hier grätscht den Vertretern der Vergangenheit gnadenlos die Realität dazwischen. Das Umweltbundesamt erklärte bereits 2010, dass selbst eine *komplette* Umstellung Deutschlands auf Ökostrom *keine* Auswirkung auf die Zuverlässigkeit hätte:

> *»Eine vollständig auf erneuerbaren Energien beruhende Stromversorgung kann aus technischer Sicht die Versorgungssicherheit jederzeit auf dem heutigen hohen Niveau gewährleisten.«*

Auch die **Bundesnetzagentur** lässt die Angstmacherei der Steinzeit-Lobby vor angeblichen Stromausfällen geradezu lächerlich erscheinen. Sie überprüft jährlich die Qualität der deutschen Stromversorgung. Dazu sammelt sie im ganzen Land Anzahl und Dauer von Stromunterbrechungen. Und, Überraschung: Wir haben heute das sicherste Stromnetz aller Zeiten. Noch nie hatten wir so viel Ökostrom in unserem Netz, und nie war die Energieversorgung *sicherer*. Dieser simple Fakt gehört jedem Atom- und Kohlelobbyisten um die Ohren geschlagen.

Was passiert, wenn man den Versprechen der Steinzeit-Industrien Glauben schenkt, kann man in Polen beobachten. Unser östlicher Nachbar ist der feuchte Traum eines jeden Kohlefanatikers: Unfassbare 90 % der polnischen Stromproduktion stammen aus Kohlekraftwerken. In Polen dampfen die Schlote noch wie im letzten Jahrhundert gemütlich und selbstzufrieden vor sich hin. Paradiesische Zustände, laut der Industrie. Allerdings sehen sich die Betreiber der polnischen Kohlekraftwerke manchmal auch einem Problem gegenüber, das niemand vorhersehen kann: Sommer!*

Während einer Hitzewelle 2015 war das Land so trocken, dass den zahlreichen Kraftwerken das Wasser zur Kühlung ausging. Die Lage war kritisch: Rund 8000 Unternehmen wurde die Stromzufuhr gedrosselt, Stahlwerke mussten den Betrieb einstellen, Bürger wurden aufgefordert, weniger Strom zu verbrauchen. Eine bemerkenswerte Entwicklung. Nach einem beispiellosen Vertrauen in die Kohlekraft befand sich Polen plötzlich in der heftigsten Einschränkung seiner Stromversorgung seit 35 Jahren. In einer Zeit weltweit steigender Temperaturen und zunehmender Wetterextreme dürfte es nicht das letzte Mal gewesen sein, dass Steinzeit-Kraftwerke die Stromversorgung gefährden.**

Zusammengefasst: Ich habe keine Ahnung, wie ein denkender Mensch auf die Idee kommen kann, dass das Festhalten an Steinzeit-Energien für unser Land sinnvoll wäre. Verglichen mit Atom und Kohle schaffen die erneuerbaren Energien mehr Arbeitsplätze, sind sauberer, günstiger, sicherer, und als Kirsche obendrauf machen sie uns zusätzlich unabhängiger von Energieimporten aus dem Ausland. Sie bieten Vorteile für *das ganze Land*. Das Klammern an die Steinzeit-Energien bietet hingegen nur Vorteile für einige wenige. Ironischer-

---

* In Deutschland auch als Erzfeind der Deutschen Bahn bekannt! #NachDemWinterNatürlich #DerSchreckenAllerICEKlimaanlagen
** Mit Kernenergie läuft das Ganze übrigens nicht viel besser: In Deutschland standen Atomkraftwerke schon mehrfach vor der Notabschaltung, weil das Wetter schlicht zu warm war.

weise ausgerechnet für diejenigen, die nach dem Ge-
lingen der Energiewende sowieso überflüssig werden.

Die Vergangenheit kann faszinierend sein. Aber auch
erschreckend. Es ist verständlich, dass die Menschen
einmal von der Kernkraft und ihren Möglichkeiten begeistert waren. Aber die 50er sind vorbei. Ehrlich. Es
gibt neue Energieformen, neue Technologien. Wir sind
weiter! Angesichts der furchtbaren Erfahrungen, die wir
mit radioaktivem Abfall und dem riesigen Zerstörungs-
potenzial der Kernkraft gemacht haben, ist ein weiteres
Festhalten daran geradezu unverzeihlich.

Die Atomkraftwerke auszuschalten soll ein Fehler
sein?

Der Fehler war es, sie überhaupt einzuschalten.

ASYL

Vorbemerkungen

Zwei Dinge vorab: Es gab immer Fremdenhass und es wird immer Fremdenhass geben. Sowohl in Deutschland als wohl an jedem anderen Fleck dieser Erde.

Dennoch hat sich bei uns in den vergangenen Jahren Grundlegendes verändert: Der Hass professionalisiert sich. Stimmungsmacher heizen über Facebook & Co. Vorurteile an, Menschenfänger treiben die Leute blind vor Wut auf die Straße, und Rechtspopulisten fahren am Ende dieser Hass-Spirale bei Wahlen Stimmen in Rekordhöhe ein. Die Saat geht auf.

Bevor ich mich all dem Unsinn widme, mit dem selbst ernannte *Asylkritiker* und *Patrioten* versuchen, Angst vor Migranten zu verbreiten, möchte ich den Weg nachzeichnen, der uns hierhin gebracht hat. Keine Sorge, ich habe nicht vor, zurück bis zu Hitler zu gehen. Stattdessen werde ich einige Schlüsselmomente anführen, die Deutschland in den vergangenen Jahren zu diesem Haufen hysterischer Angst haben verkommen lassen, der es heute leider ist.

Diese Entwicklung hat mich auch immer emotional mitgenommen; die persönliche Note sei mir in diesem Teil des Kapitels also verziehen. Ich bin mir aber ziemlich sicher, dass sich unter den Lesern zumindest einige finden, die die Geschehnisse aus einem ganz ähnlichen Blickwinkel verfolgt haben wie ich – und sich irgendwann ebenso erschrocken umgeblickt haben, in was für einem Land wir mittlerweile eigentlich leben.

2001
9/11 – Die Angst beginnt

Als am 11. September 2001 zwei Flugzeuge in die Wolkenkratzer des World Trade Centers in New York fliegen, bin ich 14 Jahre alt. Jeder weiß noch, wo er sich befand, als er das erste Mal die Bilder der einstürzenden Türme sah. Mein 14-jähriges Ich kommt an diesem Tag gerade aus der Schule, schaltet wie immer den Fernseher an und zeigt beim Anblick des größten Terror-Anschlags unserer Zeit genau die Reaktion, die nur ein echter 14-Jähriger im peinlichen Griff seiner erbarmungslosen Pubertät zeigen kann: »voll langweilig«.

Ich schalte um. Mein beschränktes Vorstellungsvermögen kann zu diesem Zeitpunkt gar nicht verarbeiten, was es da gerade sieht. Alles, was meine Augen wahrnehmen, ist ein traurig dreinschauender Nachrichtensprecher, neben dem zwei qualmende Hochhäuser eingeblendet werden. Irritierter Blick auf die Uhr: Es ist doch erst nachmittags. Warum laufen jetzt Nachrichten? Auf dem nächsten Kanal habe ich mehr Glück. Irgendeine dumme Serie, genau das Richtige zum Abschalten nach der Schule. Nach wenigen Minuten plötzlich Programmwechsel: Auch hier auf einmal Bilder aus New York. Verwunderung. Ich schalte wieder um. Dasselbe Spiel erneut: belangloser Mist, der mich entspannt, dann – aus dem Nichts – eine Sondersendung zum brennenden World Trade Center. Noch einmal umschalten. Noch einmal Sondersendung. Noch einmal. Und noch einmal. Euer Ernst?! Ich bin 14 und dumm, lasst mich gefälligst mit wichtigen Informationen in Ruhe!

Als schließlich sogar der Klingelton-Sender VIVA, das Dümmste, was das deutsche Fernsehen zu diesem Zeitpunkt zu bieten hatte[*], den Betrieb unterbricht und nur noch einen schwarzen Bildschirm zeigt, an dessen unterem Rand ein Text eingeblendet wird, der auf die vorübergehende Einstellung des Programms aus Rücksicht auf die Geschehnisse in den USA hinweist – erst *dann* gibt mein 14-jähriges Ich nach. Es ist rückblickend wirklich traurig, aber da muss schon erst Mola Adebisi abgestellt werden, bevor sich 14-Jahre-Rayk darauf einlässt, Nachrichten zu gucken. Aber dann sah ich zu. Und langsam begriff ich.

So abgedroschen es klingt: Die Ereignisse dieses Tages veränderten die Welt. Sie brachten uns dazu, eine

---

[*] Zugegeben, es ist ein harter Battle zwischen VIVA und RTL2. Aber allein der magische TV-Moment 1995 von VIVA-Moderator Frank Lämmermann, als er mitten auf dem Oktoberfest vor laufenden Kameras verzweifelnd lachend (und ohne Handschuhe) mit Pferdescheiße von der Straße jonglierte, schlägt selbst heute noch jede Folge »Frauentausch«. #HerrLämmermannDieQuotenSindUnten #JonglierenSieBitteMitScheisse #EinzigerAusweg #OkHerrViva

Menge Dinge in unser aller Leben neu zu betrachten. Flugzeuge. Reisen. Sicherheit. Religion. Und, vielleicht mehr als alles andere, unsere Mitmenschen.

Vor dem 11. September war es – zumindest nach meinem Empfinden – nie ein Thema, welcher Religion jemand angehörte. Du bist Christ? Schön für dich. Du bist Atheist? Kein Problem. Du bist Buddhist? Okay, niemand, den ich kannte, war Buddhist, aber das Prinzip sollte klar sein. Bei Muslimen war es in meiner Schulzeit nicht anders: Muslime waren diejenigen, die auf der Klassenfahrt das Essen ohne Schweinefleisch bestellten, und manche Mädchen trugen ein Kopftuch – das war's. Niemand störte sich daran.* Zumindest niemand meiner Mitschüler und Freunde. Bekam man es als Kind einfach nicht mit oder war es tatsächlich eine andere Zeit? Sei's drum: Nach den Anschlägen baute sich um mich herum im Rekordtempo ein riesiges Misstrauen gegenüber allem auf, was mit dem Islam zu tun hatte.

Man muss betonen: Ich und vermutlich viele andere Deutsche wussten vor dem 11. September praktisch *nichts* über den Islam. *Kopftuch* und *kein Schweinefleisch*, die Namen *Allah* und *Prophet Mohammed* – das waren die maximalen Kenntnisse, da hörte es meist schon auf. Als dann im Nachgang zu 9/11 sämtliche Nachrichtenmagazine, Zeitungen, Fernsehshows – grundsätzlich *alle*, die damals vor einem Mikrofon, einer Kamera oder

---

* Na gut, abgesehen von der einen oder anderen Kantinenfrau vielleicht, die beim Extrawunsch »für Fatma ohne Fleisch bitte« mit den Augen rollte. #ProbierDochMal #SchmecktDoch #ZumindestEinMalBeißenFatma

einer Tastatur saßen – lang und breit der Frage nachgingen, wie gefährlich der Islam ist, wie sehr die Muslime den Westen hassen und ob, wann, wo und wie die nächste grausame Attacke stattfinden wird –, in dieser Zeit der Angst und Verunsicherung setzte sich Deutschland das erste Mal mit dem Islam auseinander, und seitdem wird das Bild über Muslime bei uns dadurch bestimmt.

In all der Hysterie konnte mein 14-jähriges Ich nichts mehr verstehen. Meine muslimischen Freunde sollten gefährlich sein? Ihre Familien die Anschläge feiern? Ihr Glaube, der all die Zeit zuvor nie eine Rolle gespielt hatte, sollte auf einmal nicht mehr zu Deutschland passen?

Ich hatte das Glück, mit Menschen aufzuwachsen, deren Familien aus den unterschiedlichsten Ecken dieser Welt stammten. Aus der Türkei, dem Kongo, Vietnam, Indien, Kenia, Sri Lanka, Griechenland, Russland und vielen anderen Ländern. Mädchen und Jungen, die in manchen Fällen eine andere Hautfarbe, anderes Essen und einen anderen Glauben hatten. Die sich aber hier in Deutschland gefunden hatten und die prägenden Jahre ihrer Kindheit und Jugend gemeinsam durchlebten. Ich durfte erfahren, dass Herzlichkeit, Neid, Mitgefühl und Hass keine Nationalität und keine Religion haben.

Viele andere in Deutschland machten diese Erfahrung nicht. Für sie war die breite öffentliche Debatte über die Gefahr durch Muslime keine *Verwirrung*, die mit ihrer eigenen Lebenswirklichkeit kollidierte. Für sie war es eine *Erklärung*, die ihrer Furcht und Unsicherheit vor einem neuen Terror-Anschlag ein Ziel gab.

Sehr viel ist in dieser Zeit kaputtgegangen. Und rund zehn Jahre später sollte deutlich werden, welche häss-

lichen Auswüchse diese Angst langsam, aber unaufhalt-
sam in unserem Land hervorbrachte.

2010
»Sarrazin hat recht«

Der Sommer 2010. Ich hatte in Berlin gerade mein Jour-
nalismus-Studium begonnen. Die Schule lag hinter mir,
der Zivildienst war abgeschlossen, und ich war begeistert davon, den »Muss«-Teil meines jungen Lebens endlich abgehakt zu haben.* Zum ersten Mal würde ich die
Freiheit genießen, etwas zu tun, nicht, weil ich es wie
jeder andere Trottel auch machen musste, sondern weil
ich wirklich Lust darauf hatte. Auf etwas, das mich in-
spirierte, etwas, von dem ich überzeugt war: Journalismus, yaaay ♥♥

Außerdem, das darf man nicht vergessen, war einiges an Zeit vergangen seit dem 11. September. Das an-
fängliche Misstrauen in der Bundesrepublik gegenüber
Muslimen schien sich wieder etwas gelegt zu haben. Die
Fußball-WM 2006 war passiert, das »Sommermärchen«,
bei dem sich Deutschland nicht nur als sensationelle
Mannschaft, sondern auch als großartiger Gastgeber

---

* Das auf stumpfes Auswendiglernen ausgerichtete deutsche Schul-
system hat mich in meiner Jugend gleichzeitig zu Tode gelangweilt
und rasend gemacht; das Timing des Zivildienstes (zu meiner Zeit nicht
freiwillig, sondern verpflichtend) hat mich damals die Übernahme von
einem Praktikum in einen festen Job gekostet. #StaatlicherKarriere-
Schub #VolleKraftZurück #DankeFürNichts

präsentiert hatte. Die Deutschen waren in der Wahrnehmung der Welt nicht mehr die steifen Nörgler, die keinen Humor haben und Hitler vermissen, sondern offene und leidenschaftliche Sportfans, die »die Welt zu Gast bei Freunden« willkommen hießen.

Aus heutiger Perspektive muss es mir fast peinlich sein: Aber ich hatte ernsthaft das Gefühl, mein Land hätte einen Teil seiner Negativität verloren, ja geradezu eine schwere Last von sich abgelegt und sei endlich in der Gegenwart angekommen. Man kann durchaus sagen, ich war bester Dinge. Sowohl im Hinblick auf meine eigene Zukunft, als auch auf die meiner Heimat. Zuversicht machte sich breit.

Und dann kam Sarrazin.

Mit ›Deutschland schafft sich ab‹ legte Berlins ehemaliger Finanzsenator Thilo Sarrazin ein Buch auf den Tisch, das meine über Jahre gediehene Illusion eines modernen Deutschlands innerhalb weniger Tage hinwegfegte. In seinem Werk behauptete er, wenn die Deutschen nicht mehr eigenen Nachwuchs in die Welt setzten, würde die Bevölkerung durch die Kinder muslimischer Migranten zwangsläufig dümmer und unproduktiver. Die Ausländer könnten noch nicht einmal was dafür, sie seien den Deutschen halt einfach genetisch unterlegen. Schade, schade, unangenehme Sache alles. Aber das würde man ja wohl noch sagen dürfen!

Nun ist es eine Sache, so einen Quark von sich zu geben. Vermutlich jeder hat ähnliche Aussagen schon einmal auf einem Betriebsfest oder einer Familienfeier von einem angetrunkenen Kollegen oder beschwipstem Onkel ins Ohr gelallt bekommen. Die Aussagen an sich waren daher nicht einmal neu; altbekannter Bullshit eben, der nie ausstirbt. Das Niederschmetternde war vielmehr die Reaktion seines Publikums:

»Endlich sagt's mal einer! Sarrazin hat recht!«

›Deutschland schafft sich ab‹ wurde nicht belächelt oder ignoriert. Mit über 1,5 Millionen verkauften Exemplaren gehört es stattdessen zu den meistverkauften »Sachbüchern«*, die in Deutschland jemals veröffentlicht wurden. Dieses Buch war einfach überall. Das machte sich auch in meinem Alltag bemerkbar. Aus allen Ecken brodelte plötzlich die braune Soße hervor, von der ich gehofft hatte, sie sei mittlerweile Vergangenheit. Selbst von Menschen, von denen ich es nie erwartet hätte, kamen Äußerungen, wie dankbar sie seien, dass mal jemand »die Wahrheit« ausspreche, und sie ereiferten sich darüber, wie »die Türken das Land runterziehen«.

Offenbar war all die Ablehnung gegen Ausländer/Muslime nicht verschwunden, sondern hatte nur darauf gewartet, endlich hervorbrechen zu können. Sarrazins Buch lieferte dafür die perfekte Gelegenheit: Durch das Zitieren von wissenschaftlichen Studien und amtlichen Statistiken verlieh er seinen Behauptungen einen betont seriösen Anstrich, der im Umkehrschluss seinen Unterstützern das Gefühl gab, dass ihre Ablehnung von Fremden nicht auf Vorurteilen beruhte, sondern auf Fakten. Derart von mutmaßlichen »Nazi-Schuldgefühlen« befreit, konnten seine Anhänger wieder mit voller Kraft

---

* Man beachte die Anführungszeichen. #KeinZufall #DaVinciCode-Wow #GuerillaGänsefüßchen

vom Leder ziehen: »Muslime zerstören Deutschland! Einwanderer ziehen uns runter! PS: Wir hetzen nicht gegen Ausländer, wir zitieren nur Wissenschaft!«

Was Sarrazin-Fans vermutlich nicht mehr mitbekamen: Wissenschaftler, deren Arbeiten er in seinem Buch zitiert hatte, erklärten öffentlich, Sarrazin habe sie *falsch* zitiert. Er habe ihre Forschung schlicht nicht verstanden und als Laie teils völlig fehlerhafte Schlussfolgerungen gezogen. Das Echo aus der wissenschaftlichen Community auf seine gewagten Behauptungen war zu großen Teilen verheerend.

Dem Erfolg des Buches tat das keinen Abbruch. Im Gegenteil. Es schuf geradezu die Blaupause für die verengte Wahrnehmung deutscher Wutbürger. Wenn jemand etwas einen »Fakt« nennt, das einem gefällt, dann ist das für diese Leute genau das: ein *Fakt*. »Türken schaden dem Land? JAU!« Wenn aber jemand sagt, »das stimmt überhaupt nicht« – selbst wenn es ein Wissenschaftler ist, der sich beschwert, dass seine *eigene* Arbeit falsch interpretiert wurde (!) –, dann wird auf Durchzug geschaltet. »Nein, nein, nein, das kann nicht sein!«

Thilo Sarrazins Buch hat in meinen Augen massiv dazu beigetragen, die deutsche Debatte über Einwanderung und Gleichberechtigung bis heute nachhaltig zu vergiften. Was *Deutsche* und *Ausländer* in Zukunft voneinander trennen sollte, waren nicht mehr Bildung und Chancen, sondern Gene und Abstammung. Nach der Richtschnur: »*Die* sind halt anders als *wir* – von *Natur* aus!« Selten wurde die Kluft zwischen den Nationalitäten derart grob – und effizient – verbreitert wie durch die Veröffentlichung von ›Deutschland schafft sich ab‹.

Die Verrohung des Diskurses war also in vollem Gange. Was mir jedoch damals bereits wie der Gipfel der Niveaulosigkeit vorkam, sollte nur wenige Jahre später um Längen unterboten werden. Ganz nach dem inoffiziellen Motto der deutschen Fremdenfeindlichkeit: *Schlimmer geht's immer.*

2014
PEGIDA – Angst wird Wut

Am 20. Oktober 2014 marschierten zum ersten Mal die »Patriotischen Europäer gegen die Islamisierung des Abendlandes« (PEGIDA) durch Dresden. Das ist noch nicht lange her. Ich hatte im Jahr zuvor mein Studium abgeschlossen, und mein YouTube-Kanal feierte Einjähriges. In meinen Videos dreht es sich zu dieser Zeit vor allem um die Verfehlungen der CDU und die Dreistigkeit, mit der Großkonzerne und Politik nach ganz eigenen Regeln spielen. Mit PEGIDA tritt nun ein neues Phänomen auf, das ich in Deutschland – allen vorherigen Enttäuschungen zum Trotz – nicht für möglich gehalten hätte.

Tausende Deutsche trampeln durch Dresden, um Muslime mehr oder weniger für alles verantwortlich zu machen, was schlecht läuft im Land. Keine drei Generationen nach den Novemberpogromen 1938 sind sich viele in unserem Land schon wieder nicht zu blöd, noch einmal eine Religion als Sündenbock zu verunglimpfen. Sie schämen sich nicht einmal dafür. Nicht im Geringsten.

Vor PEGIDA schien es denjenigen, die Muslime, Homosexuelle oder Asylbewerber nicht leiden konnten, zumindest noch ein Stück weit peinlich zu sein. Man wusste, dass einem bestimmte Äußerungen (wie etwa »Ausländer raus« oder »Homosexualität ist eine Krankheit«) eher irritierte Blicke als ein Schulterklopfen einbringen würden. Die Leute waren sich im Klaren darüber, dass ihre Ansichten in der heutigen Gesellschaft aus der Zeit gefallen waren. Die eigenen Vorurteile wurden zuvor jedenfalls bei Weitem nicht so stolz vor sich hergetragen, wie es heute der Fall ist.

Leute, die auf offener Straße »Multikulti stoppen«-Schilder in die Luft heben, Plakate basteln, auf denen das Wort »Koran« fett durchgestrichen ist und sich »Nein zum Heim«-brüllend vor Flüchtlingsheimen zusammenrotten, nannte man früher relativ eindeutig *Fremdenfeinde* – bevor PEGIDA sie kurzerhand zu *besorgten Bürgern* umdeklarierte.

Diesem schicken neuen Begriff sei Dank, hasst es sich in der Bundesrepublik wieder entschieden angenehmer: »Besorgt« zu sein ist schließlich keine negative Eigenschaft, sondern vielmehr Ausdruck ausgeprägter Nächstenliebe und eines engagierten Verantwortungsgefühls … richtig? Alle, die der Meinung sind, im heutigen Deutschland zu kurz zu kommen, können unter diesem semantischen Deckmantel ihren Frust rauslassen. Man hat ja schließlich nichts gegen Ausländer, um Himmels willen! Man will halt bloß nicht, dass sie mehr werden! Ähnlich wie Sarrazin rechnen einem PEGIDA-Anhänger immer wieder leidenschaftlich vor, wie viele Migranten es in Deutschland bereits gebe und dass es durch deren Nachwuchs bei uns irgendwann mehr Kinder mit Migrationshintergrund geben würde als wahre

Bio-Deutsche.* Damit müsse doch mal Schluss sein! Ist man denn direkt ein Nazi, nur weil man der Meinung ist, dass sich die falschen Menschen fortpflanzen?!

Die Zahl der PEGIDA-Anhänger wächst jedenfalls stetig, von zunächst einigen Hundert bis hin zu vielen Tausend Demonstranten. Initiatoren und Teilnehmer sind vom eigenen Erfolg so berauscht, dass sie sich schon als »Stimme des Volkes« verstehen. Die Behauptung, die Deutschen würden durch PEGIDA »endlich auf die Straße gehen«, ist aber nicht nur falsch. Sie ist *dreist.* Wer ernsthaft meint, erst die Spaziergänger aus Dresden hätten bei uns eine Art Protestkultur etabliert, blendet offensichtlich nicht nur die Anti-Kriegs-Demos der 60er, die Anti-Atom-Demos der 70er oder die Anti-Kommunismus-Demos der 80er aus, sondern hat obendrein selbst die gewaltigen Volksproteste der vergangenen Jahre verschlafen.

Nachfolgend nur ein paar Beispiele jüngeren Datums:

♦ Oktober 2008: Bis zu **100 000** Demonstranten gehen in Berlin gegen die geplante Vorratsdatenspeicherung auf die Straße. Sie wehren sich dagegen, dass die Regierung unter dem Vorwand der »Terrorbekämpfung« plane, die eigenen Bürger auszuspionieren.

♦ Oktober 2010: Rund **100 000** Bürger protestierten in Stuttgart gegen das ungeliebte Bahnprojekt »Stutt-

---

* Dieses Wort habe ich mir nicht ausgedacht, sondern es gehört tatsächlich zum sprachlichen Standardrepertoire vieler PEGIDA-Fans. Für »Herrenrasse« ist's wohl noch zu früh. #KommtNoch #VielFehltJaNicht-Mehr

gart 21«, durch das der traditionelle Kopfbahnhof der Stadt durch einen unterirdischen Neubau ersetzt werden soll. Die Demonstranten kritisieren zu hohe Kosten und eine zu geringe Bürgerbeteiligung.

♦ März 2011: Über **200 000** Menschen gehen nach der Reaktorkatastrophe in Fukushima deutschlandweit auf die Straße, um die Abschaltung der heimischen Atomkraftwerke zu fordern. Noch im selben Jahr beschließen Bundesregierung und Bundestag den Ausstieg aus der Kernkraft.

♦ Februar 2012: **100 000** Demonstranten protestieren in ganz Deutschland gegen das Handelsabkommen ACTA, weil sie fürchten, es könne zur Massenüberwachung und zu Internetsperren führen. Wenige Monate später scheitert das Abkommen im Europäischen Parlament.

♦ Oktober 2015: Mindestens **150 000** Bürger versammeln sich in Berlin zu einer Massendemo gegen die Freihandelsabkommen TTIP und CETA. Sie befürchten u. a. einen schlechteren Verbraucherschutz und zu große Macht für Großkonzerne.

Um das in Relation zu setzen: Zur bisher erfolgreichsten Demonstration von PEGIDA erschienen am 12. Januar 2015 etwa **25 000** Menschen. Und selbst an diesem hehren Rekordtag wurden sie vom Rest Deutschlands ums Vielfache übertrumpft. Denn am selben Tag demonstrierten bundesweit rund **100 000** Menschen *gegen* PEGIDA.

Diese Zahlen waren ein kleiner Hoffnungsschimmer, zumindest für mich. Sie ließen mich glauben, dass all die Schreihälse und Ewiggestrigen auf den Dresdner PEGIDA-Demos letztlich dennoch eine verhältnismäßig kleine Gruppe blieben, mit der sich wohl jede moderne Zivilgesellschaft auf die eine oder andere Weise herumplagen muss. Und wäre es bei Parolen und Spaziergängen geblieben, wer weiß, vielleicht hätte ich mich sogar irgendwann, trotz aller Abscheu, damit abgefunden. Man gewöhnt sich ja irgendwann an alles, nicht wahr?*

So dachte ich. Doch bereits im folgenden Jahr wurde mein Glaube an meine Heimat erneut auf eine harte Probe gestellt.

2015
Deutschland brennt

So seltsam es klingt: Ich hatte mich seit meiner Kindheit auf 2015 gefreut. In ›Zurück in die Zukunft II‹, einem meiner Lieblingsfilme, ist 2015 das Jahr, in das Marty McFly (gespielt vom unvergleichlichen Michael J. Fox) mit seiner Zeitmaschine von 1985 aus in die Zukunft reist. Die im Film porträtierte Welt von morgen ist großartig: Es gibt fliegende Autos, selbst schnürende High-tech-Turnschuhe und, natürlich, Hoverboards. Es ist ein

---

* Die Tatsache, in einem Land zu leben, in dem die meistverkaufte Zeitung die **BILD** ist und das meistverkaufte Sachbuch Thilo Sarrazins ›Deutschland schafft sich ab‹, nimmt man als Deutscher ja auch einfach so hin. #ObwohlEsEinigesErklärt #SolideGrundlageFürEineIntakteGesellschaft

wenig albern, aber 2015 war für mich jahrelang synonym mit Fortschritt und Coolness! Leider hätte die Realität nicht weiter von meinen Wunschvorstellungen entfernt sein können.

2015 wird zum dunkelsten Kapitel, das ich in meiner eigenen Heimat erleben muss. Es ist das Jahr, in dem den deutschen Fremdenfeinden die schlecht sitzende Maske der Bürgerlichkeit endgültig vom hässlichen Gesicht fällt. Demonstrationen und Facebook-Kommentare reichen den »Patrioten« nicht mehr: Es soll endlich knallen!

Und wie es knallt: Das Bundeskriminalamt (BKA) führt für 2015 mehr als **1000 Straftaten gegen Flüchtlingsheime** auf, darunter rund **100 Brandanschläge.** * Fast die Hälfte davon trifft *bewohnte* Unterkünfte. Das bedeutet: Entweder ist es den Tätern egal, dass ihre Angriffe Menschen verletzen (und schlimmstenfalls umbringen) können – oder sie legen es sogar darauf an.

Keine Möglichkeit ist in meinen Augen besser als die andere. In beiden Fällen ist den Brandstiftern jeglicher Respekt vor dem Leben anderer vollständig abhandengekommen. Wer einer Familie von Asylbewerbern einen

---

* Das sind zumindest die Zahlen, die das BKA im Januar 2016 veröffentlichte. Die **taz** zählte jedoch bereits im September 2015 »mindestens 122 Brandanschläge«; ein 15-köpfiges Rechercheteam von **ZEIT** und **ZEIT Online** machte zudem im November 2015 darauf aufmerksam, dass die tatsächliche Zahl schwerer Angriffe gegen Flüchtlingsunterkünfte gut doppelt so hoch liege, wie von den Behörden offiziell angegeben. Nach wie vor ist es schwer, das Ausmaß der Gewaltwelle in Zahlen zu fassen. Eines haben aber alle Angaben gemeinsam: Sie sind erschreckend hoch. #DeutschlandInZahlen #Unangenehm

Molotow-Cocktail in die Wohnung wirft, ist kein patriotischer Freiheitskämpfer, sondern Kandidat für eine möglichst gut bewachte Gummizelle.*

Der Hass auf Flüchtlinge schraubt sich 2015 in absurde Höhen. Da im ganzen Land neue Unterkünfte für Asylbewerber entstehen, fordern empörte Wutbürger, die Politiker sollen doch erst mal selbst einen Flüchtling aufnehmen, bevor sie den Bürgern ungefragt neue Heime in die Nachbarschaft setzen. Als der brandenburgische Bundestagsabgeordnete Martin Patzelt (CDU) der Forderung aber nachkommt und nicht nur einen, sondern gleich *zwei* Flüchtlinge bei sich zu Hause aufnimmt, erhält er als Quittung: Morddrohungen. Die »Asylkritiker« werden unberechenbar und entkoppeln sich zunehmend von jeglicher Logik.

Mit am brutalsten trifft es die parteilose Kommunalpolitikerin Henriette Reker aus Köln. Bei einem Wahlkampftermin auf einem Wochenmarkt rammt ihr ein 44-jähriger Arbeitsloser ein Messer in den Hals. Er durchtrennt ihre Luftröhre, verletzt sie lebensgefährlich. Erst nach Wochen kann sie das Krankenhaus verlassen. Nach seiner Verhaftung gibt der Täter an, er habe ein Zeichen setzen wollen, damit Deutschland nicht »zum

---

* So geschehen am 28. August 2015 im niedersächsischen Salzhemmendorf, wo eine Mutter und ihre drei Kinder aus Simbabwe nur mit Glück unverletzt bleiben, als ihre Wohnung nach einer Molotow-Attacke in Flammen aufgeht. Verantwortlich für den Anschlag auf die Familie: ein 31-Jähriger, der noch bei seinen Eltern lebt, eine 24-Jährige, die selbst zwei Kinder hat (!) und ein 25-Jähriger, der Mitglied der Freiwilligen Feuerwehr (!!) ist. #DiesesLandMachtDichFertig #WasIstNurLosMitDenLeuten

Islam überläuft«. Reker hatte sich zuvor als Kölner Sozialdezernentin für eine menschenwürdige Unterbringung von Asylbewerbern eingesetzt.

Während die Behörden noch diskutieren, ob man es *Terrorismus* nennen kann, wenn in Deutschland zweimal die Woche eine Flüchtlingsunterkunft in Flammen aufgeht, werden auch die Morddrohungen mir gegenüber täglich mehr. In meinen Online-Beiträgen ergreife ich immer wieder Partei für ein friedliches Miteinander und stelle falsche Behauptungen und blanke Lügen von rechten Hetzern richtig. Die Reaktionen sind erwartbar: Mails und Kommentarbereiche meiner Social-Media-Profile quellen über vor geschmacklosen Gewaltfantasien. Leute fordern meinen *Tod* für das, was ich *sage* – und verstehen sich dabei als Kämpfer für *Meinungsfreiheit* und *christliche Werte*.

In dieser Rolle sehen sich auch die stolzen »Patrioten«, die heimlich durch die Nacht schleichen, um deutsche Turnhallen und leer stehende Schulen anzuzünden, die als Unterkunft für Flüchtlinge umfunktioniert werden. Da wird die eigene Nachbarschaft *abgefackelt*, um sie vor gefährlichen Flüchtlingen zu *schützen*. Ich kann diese Gedankengänge nicht mal mehr in Worte fassen. Jeder Funken an Selbstreflexion scheint bei diesen Menschen ausgelöscht.

Deutschland hat 2015 ein neues Level erreicht: Die Leute sind so dumm, dass es wehtut. Allerdings nicht ihnen, sondern ihren Mitmenschen.

Die Welt ist kein fairer Ort.

Die Zukunft
... und was kommt dann?

Es ist nur schwer erträglich, sich die zukünftige Entwicklung Deutschlands auszumalen. Sosehr ich immer wieder gehofft habe, dass meine Heimat sich fängt, so sehr hat sie mich ein ums andere Mal enttäuscht. Schlimmer noch: Nach jedem Rückschlag wurde der nächste Tiefpunkt noch jämmerlicher als der vorherige.

Auf die diffuse Angst vor dem Islam nach den Anschlägen vom 11. September folgte die vermeintlich wissenschaftliche Erklärung Sarrazins, dass Muslime genetisch einfach ungünstiges Material für Deutschland seien. Später heizten »besorgte Bürger« die angebliche Unvereinbarkeit von Islam und Bundesrepublik immer weiter an, bis Worte irgendwann nicht mehr ausreichten und der Hass der »Asylkritiker« in Form von Brandsätzen und Mordversuchen aus ihnen herausplatzen musste.

Mein Herz sagt mir: »So viel Hass verträgt doch kein Mensch, es muss doch mal genug sein«, die Erfahrung zeigt, es wird stetig schlimmer. Die Radikalisierung der Fremdenfeinde scheint grenzenlos fortzuschreiten. Dutzende Politiker und Ehrenamtliche, die sich für Flüchtlinge engagieren, werden bereits mit dem Tod bedroht. Rechtsextremisten sprechen offen von Erschießungen. Wie das Deutschland von morgen aussehen wird, welche Tragödien wir zu betrauern haben werden, welche Stimmung sich über die Nation legen wird, das wage ich mir kaum vorzustellen. Aber ich werde versuchen, so gut es geht, den grassierenden Vorurteilen Fakten entgegenzustellen. Wer weiß: Vielleicht machen sie ja die Runde und bringen immerhin ein paar Menschen zum Nachdenken, bevor auch sie den durchtriebenen Parolen der Hetzer auf den Leim gehen.

Die Flüchtlinge belügen dich:

»Das sind in Wahrheit gar keine Flüchtlinge!
Das ist eine Invasion! Sie wollen Deutschland übernehmen!!«

In Deutschland lautet die große Angst des kleinen Mannes, dass er eines Tages verdrängt wird. Dass die heile, übersichtliche Welt, in der man es sich über die Jahre gemütlich gemacht hat, infrage gestellt wird. Bedrohungen der deutschen Lebensart lauern buchstäblich an jeder Ecke. Da gibt es nervige Vegetarier, die einem durch ihren politisch korrekten Fleischverzicht das Grillen vermiesen und die lieb gewonnene Bratwurst wegnehmen wollen. Da drohen schreckliche Emanzen damit, den deutschen Männern mit ihrer Forderung nach einer Frauenquote in Aufsichtsräten den hochdotierten DAX-Job wegzunehmen, den sie niemals hatten. Baumknutschende Umweltschützer erdreisten sich, dem Volk ein leises, schadstoffarmes Elektroauto anzubieten, wo man doch lieber mit einer brüllenden Benzinschleuder über die Autobahn brettern möchte, die zur Not mit ein bisschen Öl und Schrauben selbst in Schuss gehalten werden kann im Gegensatz zu einem elektrischen Hightech-Motor mit anspruchsvoller Software, von der man keine Ahnung hat. Und die ganzen Schwulen, die man ständig im Fernsehen sieht, fordern im 21. Jahrhundert plötzlich die rechtliche Gleichstellung mit Heterosexuellen, so als sei es nicht tolerant genug, dass wir sie für ihre sexuelle Orientierung nicht mehr umbringen oder einsperren.

Die Reaktion auf derartige »Bedrohungen« ist in der Regel die vollkommene Verweigerung, die eigene Position zu hinterfragen. Stattdessen herrscht die bequeme Flucht in die Selbstbestätigung: Vegetarier wollen doch heimlich alle das leckere Schnitzel fressen, das einem selbst so gut schmeckt; Emanzen gehören nur mal richtig durchgebumst, dann wären sie zufriedener und würden nicht so viel meckern; die schnöseligen Elektroauto-Spießer sind nur langweilige Loser, die man im eigenen getunten Golf so richtig abziehen würde; und die Homos, mal ehrlich, die sind doch eh alle nur psychisch krank.* Merkt denn keiner, was hier vor sich geht? Systematisch sollen die Deutschen verweichlicht und ihre wahre Natur unterdrückt werden! Unerhört! Skandal!

Eines ist für die Verfechter dieser Position glasklar: Das deutsche Volk und seine Lebensart sind das Beste, was die Geschichte der globalen Hochkulturen hervorgebracht hat. Wir reden hier immerhin über eine Na-

---

* Dieses Argumentationsmuster – jeder, der mich kritisiert, ist mir unterlegen – ist nicht nur himmelschreiend falsch, sondern gleichzeitig erschreckend weit verbreitet. Wenn ich einen Euro bekommen hätte, für jedes Mal, das ich bei Grillpartys, Mittagspausen, in öffentlichen Verkehrsmitteln oder einfach nur in Facebook-Kommentaren solche Statements hören musste, könnte ich davon beim nächsten Umzug mühelos drei Nettokaltmieten plus Provision zahlen. #DannHatMansWirklichGeschafft #WahrerLuxus #MamaIMadeIt

tion, die es fertigbringt, aus nur vier Zutaten (Wasser, Hopfen, Hefe, Malz) über 5000 Sorten Bier herzustellen, also pffff, worüber reden wir hier überhaupt? Dementsprechend wird den Deutschen ihre Überlegenheit und Freiheit selbstredend von allen Seiten geneidet. Ständig finden sie sich als Zielscheibe wieder. Und was sie noch mehr bedroht als die ewig nörgelnden Gutmenschen, die sie rücksichtsvoller und fairer machen wollen (so weit kommt's noch), ist die direkte internationale Konkurrenz. Die schleichende Gefahr aus der Fremde. Der Endgegner in Sachen deutscher Entmachtung:

Der Ausländer

»Der Ausländer« hat als Hassobjekt die dankenswerte Eigenschaft, dass er nichts richtig machen kann. Hat er keinen Job, liegt er dem deutschen Steuerzahler auf der Tasche, macht er Karriere, nimmt er dem Deutschen die Arbeit weg. Hat er eine ausländische Partnerin, integriert er sich nicht, hat er eine deutsche Partnerin, klaut er den deutschen Männern die Frauen. Kommt er allein nach Deutschland, ist er ein ehrloser Egoist, der seine Familie im Krisengebiet zurückgelassen hat; holt er seine Familie nach, ist er ein Betrüger, der nur hergekommen ist, um deutsches Kindergeld zu kassieren. Wie man es dreht und wendet: »Der Ausländer« kann nicht gewinnen.

Dieses einfach nicht verschwinden wollende Misstrauen gegenüber Flüchtlingen und Einwanderern führt in Zeiten umfassender Vernetzung und rasend schneller

Kommunikation dazu, dass sich Gruselgeschichten über »Ausländer« heute in einem geradezu wahnwitzigen Tempo verbreiten. Selbst die absurdesten Falschmeldungen werden von der wutgläubigen Masse bereitwillig und tausendfach an ihre Freunde und Kontakte weitergeleitet.[*] Eins der prominentesten Beispiele der jüngeren Vergangenheit möchte ich an dieser Stelle etwas ausführlicher beleuchten: einen auf Facebook zehntausendfach geteilten Artikel, der ein Flüchtlings-Schreckensszenario an die Wand malt, das in seiner Dummheit, Boshaftigkeit und Dreistigkeit wahrhaft beispiellos ist und sich dennoch (oder gerade deshalb) im September 2015 in den sozialen Netzwerken wie ein Lauffeuer verbreitete. Ich möchte mich nicht im Klein-Klein rechter Online-Hetze verlieren, aber aufgrund der gewaltigen Resonanz, die dieser Artikel bei vielen deutschen Facebook-Nutzern hervorgerufen hat, möchte ich ihn als herausragendes Beispiel für die Qualität der aktuellen öffentlichen Debatte über den Umgang mit Flüchtlingen hervorheben. Es handelt sich um den Artikel eines rechts gesinnten Bloggers, der mit folgender Überschrift große Aufmerksamkeit erreichte:

---

[*] Anlehnend an die vergleichsweise junge Wortschöpfung »Wutbürger«, die Leute beschreibt, die sich aus Prinzip über die politische Klasse aufregen, sollten wir ab sofort den Begriff »wutgläubig« einführen, für Leute, die aus Prinzip alles glauben, was ihre eigenen Vorurteile bestätigt. Solche Leute kaufen mit Vorliebe Sarrazin-Bücher und teilen auf Facebook Zeitungsartikel über kriminelle Ausländer und beschweren sich gleichzeitig, warum »so was nicht in der Zeitung steht!! Lügenpresse!!«. #JungeWovonReeeedestDu #DuHastEsDochSelbstAusDerZeitung #MerksteWas

WARNUNG AN ALLE: HINTER DER ASYLANTENFLUT VERBIRGT SICH EINE RIESIGE ARMEE. WIRD SIE BALD BEWAFFNET?

Zuallererst: Es gibt unter Journalisten eine augenzwinkernde, aber überraschend zutreffende Faustregel, die sich »Betteridge«-Gesetz nennt. Dieses Gesetz besagt, dass jede Frage, die in einer Überschrift gestellt wird, grundsätzlich mit einem »Nein« beantwortet werden kann. Klassiker sind Schlagzeilen wie »Hat die NASA Leben auf dem Mars entdeckt?« oder »Haben Forscher ein Heilmittel gegen Krebs gefunden?«. Natürlich sind solche Überschriften blanker Unsinn, denn hätte tatsächlich jemand Aliens aufgespürt oder Krebs geheilt, würde euch jede Zeitung und jede Nachrichtensendung die Meldung wochenlang in Großbuchstaben und Sondersendungen um die Ohren hauen, statt sie mit einem Fragezeichen von vornherein als pure Spekulation zu kennzeichnen. Die Frage, ob Asylbewerber in Deutschland bald bewaffnet werden, schlägt in dieselbe Kerbe, wenn auch ungleich tiefer, wie wir feststellen werden. Es existiert jedenfalls eine vorzügliche Erklärung des britischen Journalisten Ian Betteridge, dem Namensgeber dieses Gesetzes, was hinter solch einem Vorgehen steckt:

> »Der Grund, warum Journalisten solche Überschriften verwenden, liegt darin, dass sie wissen, dass ihre Story vermutlich völliger Unsinn ist, den sie mit keinerlei Quellen oder Fakten belegen können – aber sie dennoch bringen wollen.«

Das ist nicht nur eine wunderschöne Beschreibung großer Teile unserer heutigen Medienwelt, sondern auch ein wichtiger Baustein Vorwissen, wenn man über solch eine Überschrift stolpert. Während viele Leute bei der Frage, ob Flüchtlinge bald flächendeckend bewaffnet werden, anscheinend sehr nervös werden und mit flauem Gefühl im Magen nach schnellen Antworten in einem rechten Blog klicken, rollen mit solchen Aufmerksamkeitstricks vertraute Leser stattdessen nur noch genervt mit den Augen. Aber zurück zum Artikel:

Der Blogger stellt zunächst entrüstet fest, dass viele Asylbewerber, die aktuell nach Deutschland fliehen, junge Männer muslimischen Glaubens sind. Junge Männer, ausgerechnet. Das kann doch kein Zufall sein! Die Gemüter erhitzende Frage, warum Flüchtlinge vornehmlich junge Männer zu sein scheinen, werde ich später behandeln, für den Moment sind vor allem zwei Dinge von Bedeutung; erstens, dass junge Männer laut dem Autor besonders kampftauglich sind, und zweitens, dass muslimische Männer allen Ungläubigen die Köpfe abschneiden wollen. Ergo: Flüchtlinge, die nach Deutschland kommen, wollen Deutschen die Köpfe abschneiden. SKANDAL!

Dieser Gedankensprung, dass Flüchtlinge automatisch eine »Armee« sind, weil sie junge Männer in großer Zahl sind, ist selbst für abgekochte Fremdenfeinde gewagt. Womit man die wutgläubige Leserschaft allerdings für sich gewinnen kann, ist das Nennen einer zumindest vaaaagen Informationsquelle – und sei sie *noch* so vage und völlig an den wenigen Haaren herbeigezogen, die eine Nazi-Glatze hergibt.

Wie vage, fragt ihr? Nun, wie wäre es mit einem schief fotografierten Handybild eines DIN-A4-Papiers, auf dem ein anonymer Schreiberling eine mit Rechtschreib- und Interpunktionsfehlern durchzogene Geschichte über ein angebliches Gespräch mit einem ebenfalls anonymen »NATO-Offizier« ausgedruckt hat? Ja, richtig. Genau solch ein Foto wurde vom Blogger als Beleg für seine »Flüchtlinge sind in Wahrheit eine Armee«-Warnung hochgeladen. Ein abfotografierter Text ohne Quellenangabe.

Ich muss es noch einmal ganz deutlich betonen: Auf diesem unterirdischen Niveau werden bei uns heute die haarsträubendsten Falschmeldungen in die Welt gesetzt und im großen Stil Vorurteile gezüchtet. Ein schlechtes Handyfoto ohne jeden Beleg der Authentizität genügt in Deutschland als sachliche Grundlage eines der meistgeteilten Anti-Flüchtlings-Beiträge auf Facebook. Dass gerade die Leute, die sich von früh bis spät über die schlecht recherchierte und voreingenommene *Lügenpresse* echauffieren, sämtliche journalistische Maßstäbe über Bord werfen, sobald ein Artikel sie in ihrem simplen Weltbild bestätigt, spricht Bände über den Wert ihrer »Kritik«. Denn womit haben wir es hier denn bei Lichte betrachtet eigentlich zu tun? Eine unbekannte Person schreibt über ein nicht nachprüfbares Treffen mit einer anderen unbekannten Person. Ohne Word-Rechtschreibprüfung. Pulitzer-Preis, wir kommen.

In diesem Fall handelt es sich bei der spektakulären, aber leider nicht namentlich genannten Quelle um die äußerst seltene Lebensform des hochrangigen NATO-Offiziers, der in seiner knappen Freizeit fröhlich mit wildfremden Zivilisten über den streng geheimen Vernichtungsfeldzug gegen das deutsche Volk plaudert. Der Text soll den Eindruck erwecken, der Autor habe mit einem einflussreichen Militär-Experten gesprochen, der höchst vertrauliche Informationen preisgab. Was der gute Mann von der bösen NATO alles zu berichten hatte, war geradezu unerhört:

◆ Auf Befehl der USA werden in Kürze in allen deutschen Großstädten gleichzeitig LKWs voller Waffen vor Flüchtlingsheimen vorfahren, um die Flüchtlings-Armee zu bewaffnen.

◆ Daraufhin soll die Flüchtlings-Armee nicht nur Deutschland, sondern Europa übernehmen.

◆ Die deutschen Frauen müssen »millionenfache Massenvergewaltigungen« über sich ergehen lassen (ob das bei den ganzen Emanzen, die sowieso mal »richtig durchgebumst gehören«, begrüßt wird oder nicht, bleibt offen).

◆ Sobald sie die Kontrolle übernommen haben, werden Muslime beginnen, Deutsche zu essen. Kannibalismus werde in Deutschland der Normalfall. *

---

* Denn offenbar entwickeln streng gläubige Muslime, die nicht mal einen Erdbeerjoghurt essen, wenn er nicht halal ist, im Angesicht totaler Macht einen überraschenden Appetit auf **MENSCHENFLEISCH** ...
Ich will mich ja nicht aufregen, aber MEINE GÜTE, was kann man Leuten heutzutage eigentlich alles erzählen, bevor sie sich fragen, ob das, was sie da hören, eigentlich irgendeinen Bezug zur Realität hat? #GlaubenAuchAnWerwölfeWennSieAsylBeantragen #BeiVollmondWollenSieKindergeld #Ahuuuuuu

Düstere Aussichten also. Und erschreckend präzise. Der gut informierte – und überhaupt nicht vom Autor frei erfundene – NATO-Offizier konnte sogar ein genaues Datum für diesen grausamen Staatsstreich angeben: Der Tag, an dem die USA die Flüchtlinge in Deutschland bewaffnen und das Chaos in Gang setzen, ist der ... *Trommelwirbel* ... 28. September 2015!!

... Mit Blick auf die Uhr stellt der enttäuschte Weltuntergangs-Romantiker fest, dass der 28. September 2015 mittlerweile bereits hinter uns liegt. Kein einziger waffenbeladener LKW ist an diesem Tag vor deutschen Flüchtlingsheimen aufgekreuzt. Die brutalen Kannibalen-Muslime haben auch nicht angefangen, uns zu essen. Von einer gewaltsamen Übernahme ganz Europas ganz zu schweigen. Seltsam. Es muss ein ziemlich ernüchternder 29. September gewesen sein, für die besonders besorgten Blogleser, die sich mit Nahrungsvorräten und Taschenlampen in ihren Kellern verschanzt hatten.

Aber wer weiß schon, ob die Apokalypse nur vertagt ist? Aufgeschoben heißt immerhin nicht aufgehoben. Eventuell hat die preisverdächtige Sternstunde in Sachen Investigativ-Journalismus auch einfach nur die Machthaber nervös gemacht? Die »Armee« ist schließlich nach wie vor »in Stellung« und könnte jederzeit zuschlagen. Das sei laut dem Autor übrigens auch der Grund, warum man Flüchtlinge ständig mit Mobiltelefonen sehe:

HABEN SIE SICH NICHT AUCH SCHON GEWUNDERT, WARUM DIE ASYLIES FAST ALLE EIN SMARTPHONE BESITZEN?

Hm. Die langweilige Antwort auf diese Frage wäre, dass der Besitz eines Mobiltelefons in der Realität nicht so feudal exklusiv ist, wie es der empörte Blogger (oder die neueste Apple-Werbung) vielleicht gerade weismachen will. Ernsthaft, Leute: Flüchtlinge kommen vielleicht aus dem Krieg, aber nicht aus der Steinzeit. Im Jahr 2009, vor Beginn des Bürgerkrieges, kamen in Syrien 12 Millionen Handys auf 21 Millionen Einwohner. Diese Leute wissen, was ein Mobiltelefon ist. Die unter vielen Flüchtlingsgegnern weitverbreitete Ansicht, ein Flüchtling mit Handy könne ja wohl gar kein »echter« Flüchtling sein, ist mir immer wieder aufs Neue ein leidiges Rätsel.

Was für krude Vorstellungen haben diese selbst ernannten »Asylkritiker« eigentlich von dem Leben, das die Asylbewerber auf ihrer Flucht hinter sich lassen? In ihrer Fantasie leben Flüchtlinge in ihrer Heimat offenbar allesamt entweder in Lehmhütten oder direkt auf dem Baum und haben ein iPhone zum ersten Mal bei einer magischen Begegnung mit europäischen Forschern auf der verträumten Lichtung eines gefährlichen Dschungels gesehen. Das mag für den ein oder anderen jetzt eine Überraschung sein, aber: Im Nahen Osten gibt es Straßen. Sogar elektrisches Licht, man stelle es sich vor. Die Ähnlichkeiten zu uns sind verblüffend, selbst hässliche Einkaufscenter und schlechtes Fernsehen haben sie. Faszinierend, nicht wahr? Dass in den Herkunftsländern der Flüchtlinge Internet und Handys so selbstverständlich zum Alltag gehören wie bei uns, will diesen Leuten einfach nicht in den Schädel. Handys – ja, sogar die mit Touchscreen und WiFi – sind heute keine Ehrfurcht gebietenden Statussymbole mehr, auf die der edle Europäer ein Vorrecht hat, sondern verschleißende Plastik-Massenware, die milliardenfach die globalen Märkte überschwemmt.

Wie gesagt: Das wäre die langweilige Antwort. Aber wenn es eine Sache gibt, die Flüchtlingsgegnern zuwider ist (abgesehen von Flüchtlingen), dann sind es langweilige Antworten. Nein, die Tatsache, dass »die Asylies« Handys mit sich tragen, hat laut dem Verfasser des tausendfach geteilten Blogeintrags einen ganz anderen Grund: Die Handys dienen den Flüchtlingen zur niederträchtigen Kommunikation untereinander, um die zukünftigen Angriffe auf unbescholtene deutsche Bürger zu koordinieren. Es werde gewissermaßen ein eigener Militärfunk errichtet, der das deutsche Volk in die Knie zwingen soll. So und nicht anders sieht es aus! Die Auslöschung des deutschen Volkes steht auf dem Plan! Basta! Keine andere logische Erklärung dafür ist denkbar, warum Leute, die weit entfernt von ihren Familien sind, ein Telefon bräuchten!

Zur Untermauerung der kühnen Behauptungen wurde auf dem Blog – man ahnt es bereits – ein nicht minder wahnsinniges zweites Bild hochgeladen. Dieses Mal handelte es sich um das verschwommene Foto eines zerknickten Papiers, welches angeblich aus dem Müll einer – OHO! – Bilderberg-Konferenz gefischt wurde.*

---

* Bilderberg-Konferenzen sind jährliche Treffen hochrangiger Vertreter aus (hauptsächlich) Politik, Wirtschaft, Militär und Medien. Zur Finanzierung und eventuellen Abmachungen, die dort getroffen werden, dringt kurioserweise bis heute so gut wie nichts an die Öffentlichkeit.

Das Foto soll ein extrem vertrauliches Dokument zeigen, in dem der teuflische Plan der Weltelite skizziert wird, Deutschland »mit Zuwanderung zu fluten«. Das Ziel sei es, dadurch zum einen die hiesige Wirtschaft zu schwächen und zum anderen den »Identitätsverlust der Deutschen zu beschleunigen«, sodass das Land in Zukunft schwächlich-verunsichert keinen Widerstand gegen die Machthaber zeigt.

Die Frage, inwieweit die unter mangelndem Nachwuchs leidende deutsche Wirtschaft durch die Aufnahme vieler junger, Arbeit suchender Menschen geschwächt wird, beantwortet das Dokument leider nicht. Wie genau es der deutschen Seele schadet, sich in Zukunft nicht mehr über deutsche Kriegsverbrechen aus dem Zweiten Weltkrieg zu identifizieren, sondern über die Hilfe für Kriegsopfer, ist dem Text ebenfalls nicht zu entnehmen. Genauso fehlen, abgesehen von der absolut vertrauenerweckenden Quellenangabe »Bilderberger → Mülleimer«, natürlich jedwede Angaben zu Datum, Autor, Ort der Aufnahme oder jede andere halbwegs belastbare Information, die ein solches Papier auch nur im Entferntesten glaubwürdig oder zitierfähig machen würde. Ebenso wird nicht ein einziges Mal hinterfragt, warum eine Rede, die dem Anschein nach an die rund 130 internationalen Teilnehmer der Bilderberg-Konferenz gerichtet sein soll, auf Deutsch verfasst ist, wenn

---

Daher klingt »Quelle: Bilderberg-Konferenz« in den Ohren von Verschwörungs-Anhängern besonders anziehend. #WasDaAbgehtWüsstIchAberSelbstGernMal #MehrGeheimnisseAls16jährigeMädchenVorIhrenEltern #SnowdenÜbernehmenSie

von ihnen lediglich acht Teilnehmer überhaupt aus Deutschland kommen.*

Was für ein angenehmer Zufall, für die kritischen deutschen Leser, die nicht an Zufälle glauben! Und als wäre das nicht alles schon genug, setzt die unsägliche Bildbeschreibung dem Ganzen noch die Krone auf: Das schwammige Foto wird betitelt als *Redemanuskrim im Müll einer Bilderbergerkonferenz.*

Ich habe keine Ahnung, was ein »Rede*manuskrim*« sein soll. Ich würde gerne davon ausgehen, dass der offenbar aufgebrachte Verfasser »Rede*manuskript*« meint, und sich in der Hektik einfach vertippt hat. Ich ermuntere jedoch jeden Leser, bei nächster Gelegenheit einen kurzen Blick auf die eigene Laptoptastatur zu werfen und mit eigenen Augen zu prüfen, wie weit das »m« vom »p« entfernt liegt, und wie weit wiederum das »p« vom »t«. Es drängt sich der Verdacht auf, dass der mahnende Anti-Asyl-Autor offenbar tatsächlich glaubt, das Wort »Manuskrim« existiere.** Hier sind wir beim berühmten

---

* Diese Angaben stammen von der aktuellsten Bilderberg-Konferenz im Juni 2015. Die Teilnehmer der Konferenz werden entgegen anderslautenden Behauptungen nicht geheim gehalten, sondern bereits im Vorfeld der Treffen öffentlich gemacht. Übrigens nicht von Enthüllungsexperten mit Rechtschreibschwäche, sondern vom Veranstalter selbst. Auf der eigenen Homepage. Ja, die Bilderberg-Konferenz hat eine Homepage. #VielleichtMalDanachGooglenSportsfreunde
** Im Übrigen ist auch die Bezeichnung »Bilder**berger**konferenz« falsch; der korrekte Ausdruck lautet »Bilder**berg**konferenz«. »Bilder**berg**konferenz« ist der offizielle Name der Veranstaltung und wird etwa in Zeitungen, Enzyklopädien etc. verwendet (es gibt in solchen Häusern die verrückte Tradition, Leute dafür zu bezahlen, Namen, Fakten und sogar Rechtschreibung zu prüfen, bevor Artikel veröffentlicht werden.

Phänomen der Internet-Patrioten, die sich die Bewahrung und Ehrung der deutschen Kultur auf die Fahnen geschrieben haben, aber ihre eigene Sprache oft nur mit Mühe beherrschen. Da wird im Zweifel lieber ein neues Wort erfunden als in den Duden geguckt.

Wenn die verdammten Ausländer nicht kriminell genug sind

Überhaupt, der Erfindergeist der deutschen »Patrioten«. Er läuft immer dann auf Hochtouren, wenn die gefährlichen Asylbewerber doch nicht so gefährlich sind, wie man sie gerne hätte. Es ist eine Sache, Ausländern zu unterstellen, sie würden in Zukunft das Land ins Verderben führen. Da kann man ruhig sachlich bleiben und sich eingestehen, dass die Zukunft noch nicht geschrieben steht: Werden Flüchtlinge zu Kannibalen und essen Deutsche auf? Oder integrieren sie sich, und die Apokalypse fällt aus? Beides sind, objektiv betrachtet, ledig-

---

Man nennt diese Leute »Lektoren« oder »Redakteure«, und sie sind der natürliche Feind des Verschwörungstheoretikers). »Bilder**berger**konferenz« hingegen ist nur noch gebräuchlich bei esoterisch-verschwörerisch angehauchten Bloggern oder Medienunternehmen mit – drücken wir es freundlich aus – eher zweifelhaftem Ruf wie dem KOPP Verlag. Dieses bei Verschwörungs-Anhängern äußerst beliebte Medienhaus veröffentlicht außer Warnungen vor der »Bilderbergerkonferenz« zum Beispiel Bücher, in denen davor gewarnt wird, auf die Inkompetenz der dumm-dödligen »Mainstream-Wissenschaftler« hereinzufallen, denn in Wahrheit entstand der Mensch nicht durch Evolution, sondern durch Außerirdische vom Planeten Nibiru, die uns aus ihrer Alien-DNA geformt haben. #MussManWissen #KnowledgeIsPower #QuelleInternet

lich Vermutungen und wenn rechte Blogger zu ersterer tendieren, dann bitte schön, freie Meinungsäußerung! Stellt doch eure Schreckensszenarien auf, wie ihr wollt. Viel Spaß, und wer am Ende recht hat, werden wir ja sehen. Etwas komplett anderes ist es jedoch, wenn absichtlich Lügen in die Welt gesetzt werden. Blanke, gemeine Lügen, die einzig deshalb erdacht werden, weil die Ausländer in der realen Welt einfach nicht so gefährlich sein wollen, wie die, von denen man im Internet so begeistert liest. Die Fantasie der Fremdenfeinde kennt dabei keine Grenzen.

◆ **5. Dezember 2014:** Ein 23-Jähriger behauptet, ein »südländischer Typ mit Dreitagebart« habe ihn vor einer Flüchtlingsunterkunft in Großröhrsdorf (Sachsen) angegriffen. Ortsbewohner sind sich sicher, dass sie den Angriff gesehen hätten – sogar ein Messer habe der Ausländer gehabt! Schon kurze Zeit später stellt sich heraus, dass Angriff und Täter reine Fantasieprodukte sind. Das angebliche Opfer gibt zu, sich seine Verletzungen selbst zugefügt und die Attacke erfunden zu haben.

◆ **31. Mai 2015:** Auf Facebook wird die Geschichte in Umlauf gebracht, dass in Gießen (Hessen) etwa zwei Dutzend Asylbewerber im Stadtzentrum mehrere Schüler verprügelt hätten. Sogar ein kleines Mädchen (»6–7 Jahre alt«) habe man auf den Boden geworfen und brutal in die Rippen getreten. Erst ein Großeinsatz der Polizei habe die randalierenden Flüchtlinge stoppen können, nur sechs habe man festnehmen können! Tausende Menschen konnten die Schauergeschichte empört im Netz lesen. Dumm nur: Die Polizei stellte klar, dass es keinen Einsatz gab, keine Verhaftungen, keine Augenzeugen, keinen Notruf, buchstäblich NICHTS, was an dieser Story auch nur im Entferntesten stimmen würde. Stattdessen suchen die Beamten den Urheber des Gerüchts aufgrund der Vortäuschung einer Straftat sowie Volksverhetzung.

♦ **23. Juli 2015:** Eine 19-Jährige berichtet der Polizei, dass drei Asylbewerber sie an einem S-Bahnhof in Holzkirchen (Bayern) vergewaltigen wollten. Nur unter Aufbringung all ihrer Kräfte habe sie sich losreißen und flüchten können. Drei Flüchtlinge aus Afghanistan werden daraufhin festgenommen und kommen wochenlang in Untersuchungshaft. Nachdem die Ermittlungen den beschriebenen Tathergang nicht bestätigten, gibt die 19-Jährige schließlich zu, dass es keinen Übergriff gegeben hat.

♦ **8. Oktober 2015:** Ein besonderes Schmankerl: Die Facebook-Seite »Wurzen wehrt sich gegen Asylmissbrauch« behauptet, im Ort Grimma hätten sechs Asylbewerber zwei Bürger attackiert. Der Facebook-Auftritt der Polizei Sachsen stellt in einem Kommentar richtig, dass das nie passiert ist. Die Folge: Der Kommentar wird von den Seitenbetreibern gelöscht und die Polizei Sachsen von der Seite blockiert. Ein Paradebeispiel für die geheuchelten »Zensur!«-Vorwürfe, die rechte Hetzer den Medien machen: Wer im Netz nicht ihrer Meinung ist oder ihre Märchen gar aufdeckt, wird sofort gelöscht.

♦ **9. Oktober 2015:** Eine Frau im Raum Heidelberg verbreitet das Gerücht, Flüchtlinge hätten ein Pferd von einem Reiterhof gestohlen und anschließend im Zuge eines religiösen Rituals geschlachtet. Der entsprechende Reiterhof weist jedoch vehement darauf hin, dass kein Pferd fehlt. Auch im Flüchtlingsheim wissen weder Bewohner, Angestellte noch das Sicherheitspersonal von einer angeblichen Schlachtung. Gegen die Frau wird ermittelt wegen übler Nachrede und Vortäuschens einer Straftat.

♦ **21. Oktober 2015:** Eine 29-Jährige berichtet der Polizei in Dresden, dass sie auf der Straße von zwei Männern in einen Kellerzugang gezerrt wurde. Einer habe sie festgehalten, der andere sie vergewaltigt. Beide Dreckschweine seien »südländischer Typ« gewesen und hätten in einer ihr fremden Sprache gesprochen. Die Polizisten lassen Phantombilder anfertigen, fahnden fieberhaft nach den Tätern. Gerade in Dresden, der Heimat von PEGIDA, schlägt eine solche Meldung hohe Wellen: PEGIDA-Anhänger fordern nach Bekanntwerden des Vorwurfs wahlweise die Kastration, Abschiebung oder Ermordung von Flüchtlingen. Einen Monat später stellt sich heraus: Die Frau hat gelogen. Nach intensiven Ermittlungen, deren Ergebnisse sich nicht mit den Angaben des vermeintlichen Opfers decken, räumt die Frau ein, die Tat frei erfunden zu haben.

♦ **25. November 2015:** In Meßstetten (Baden-Württemberg) geht die Angst um: Auf dem Hof eines Landwirts, gleich neben einer Flüchtlingsunterkunft, sei ein abgeschlagener Menschenkopf gefunden worden! Die Flüchtlinge hätten jemanden enthauptet! Der betroffene Bauer stellt öffentlich entnervt klar, dass das

nicht stimmt. Der Ort ist bekannt für absurde Behauptungen: So heißt es in Internet-Gerüchten immer wieder, der örtliche Lidl habe wegen Gewalt und Dieb-
stählen von Flüchtlingen schließen müssen. Dabei ist
der Discounter unverändert in Betrieb.

♦ **2. Februar 2016:** Drei Mädchen wählen kurz vor Mit-
ternacht in Kirchheim unter Teck (Baden-Württemberg) den Notruf und behaupten, von 300 (!) Asylbewerbern auf offener Straße verfolgt zu werden.
Beamte aus insgesamt drei Polizeirevieren rücken an,
um den vermeintlichen Mob in die Schranken zu weisen. Das Problem: Es gibt keinen Mob, die Geschichte
ist frei erfunden. Die Mädchen, zwei 15-Jährige und
eine 16-Jährige, werden von den umsonst alarmierten
Beamten zu ihren Eltern gebracht.

♦ **14. Februar 2016:** Ein 22-Jähriger meldet der Polizei,
er sei in Weiden (Bayern) von mehreren Männern »mit
südländischem Aussehen« überfallen worden. Sogar
die Kleidung hätten sie ihm geklaut! Die Polizei leitet
eine Untersuchung ein, stellt aber schnell Ungereimt-
heiten fest. Nur wenige Tage später gibt der Mann
bei einer Befragung zu, den Raub nur erfunden zu
haben.

Diese Auflistung mag einem im ersten Moment lang vorkommen. Doch sie ist nur ein winziger Auszug all der
wahnwitzigen Hirngespinste, die »Asylkritiker« mas-
senhaft in unserem Land verbreiten. Mit ihren Märchen
könnte man – selbst in derart kurzen Zusammenfassun-
gen – ein eigenes Buch füllen. Es gibt *Hunderte solcher
Lügen*. Hunderte Arschlöcher, die nichts Besseres zu tun

haben, als Polizeibeamte von ihrer Arbeit abzuhalten. Denn so absurd die Beschuldigungen gegen Flüchtlinge klingen: Die Beamten müssen ihnen nachgehen.

Dabei hätte sie wahrlich andere Sorgen. Jahr für Jahr kritisiert die Gewerkschaft der Polizei (GdP) einen massiven Personalmangel. Im Dezember 2015 gab die GdP bekannt, dass die deutschen Polizisten mindestens zehn Millionen Überstunden vor sich herschieben. Es kracht an allen Enden. In Nordrhein-Westfalen etwa konnten in den Monaten zuvor ganze 11 von 14 Revieren der Bundespolizei nur *zeitweise* besetzt werden. Die Polizisten sind an der Grenze ihrer Belastbarkeit.

Was für eine Art Patriotismus soll das also sein, wenn man gerade denjenigen, die für die Sicherheit der Bevölkerung Leib und Leben riskieren, wissentlich mit falschen Behauptungen auf die Eier geht? Wenn doch die Asylbewerber solche Monster und Barbaren sind, die Tag für Tag mordend durch die Städte ziehen und Deutschland flächendeckend ins Chaos stürzen – warum zum Teufel müssen sich Flüchtlingsgegner für ihre Stimmungsmache Hunderte dreister Ammenmärchen zusammenlügen?

Ich frage mich das wirklich: Gibt es nicht irgendeinen Punkt im geistigen Prozess, an dem solche Menschen kurz innehalten und sich fragen: »Wow, ganz schön erbärmlich, was ich hier mache! Vielleicht sollte ich es lieber lassen?« Was geht im Kopf eines Mannes vor, der sich selbst Verletzungen zufügt und danach zur Polizei rennt, um auf das Flüchtlingsheim nebenan zu zeigen? Was denkt sich eine Frau, die vor Beamten ein Theaterstück aufführt, dass sie von Männern vergewaltigt wurde, die nur als gezeichnete Stereotypen auf Phantombildern existieren?

Diese Verschwendung von Arbeitskraft bei der Polizei macht mich wahnsinnig. Die Ermittler haben weiß Gott genug zu tun. Und ja, auch mit Flüchtlingen. Das ist immer diese Placebo-Diskussion, die Rechtspopulisten anheizen wollen: Flüchtlingshelfer und »Gutmenschen« würden nicht zugeben wollen, dass es problematische Asylbewerber gebe. Durch diese (falsche!) Unterstellung wollen sie ihre eigene Position stärken: »Seht her, wir sind die Einzigen, die die Dinge beim Namen nennen! Die anderen wollen es nicht wahrhaben, doch wir wissen Bescheid! Flüchtlinge sind gefährlich!«

Um eines ein für alle Mal klarzustellen: Es *gibt* kriminelle Flüchtlinge. Diebe, Räuber, Schläger, Vergewaltiger. Menschen, denen man nicht im Dunkeln begegnen will. Menschen, die in ihrem Wertesystem mehrere Jahrzehnte Aufklärung und Fortschritt nicht mitbekommen haben. Menschen, die eher in eine Höhle im Pleistozän gehören als in eine deutsche Notunterkunft. [*]

Das von **AfD**-Wählern und PEGIDA-Jüngern immer wieder angeleierte Lamentieren über kriminelle Flüchtlinge ist aber eine verlogene Debatte – weil es im Grunde keine Debatte *ist*. Politische Rechtsausleger stellen

---

[*] Das Pleistozän ist ein Abschnitt der Erdgeschichte und war die Blütezeit des Neandertalers. Genau auf diesem geistigen Level verorte ich Arschlöcher, die sich z. B. in der Silvesternacht 2016 in regelrechten Rudeln vor dem Kölner Hauptbahnhof versammelt haben, um sexuelle Übergriffe auf Frauen zu starten. Wobei man mit diesem Vergleich vermutlich sogar noch dem Neandertaler Unrecht täte. #Unentschuldbar

sich ständig so dar, als würden nur sie straffällige Asylbewerber kritisieren. Was für eine atemberaubend verschobene Selbsteinschätzung! Zum Mitschreiben: Kein Mensch behauptet, dass es nur nette, höfliche, zuvorkommende Flüchtlinge gebe! Kein Mensch möchte, dass Vergewaltiger und Mörder frei herumlaufen! Es ist ermüdend, es diesen Leuten immer wieder einzuhämmern, aber sie wollen den Standpunkt einfach nicht verstehen. Ein letztes Mal noch, damit es auch der dickköpfigste **AfD**-Wähler versteht: *Jeder Straftäter* muss sich vor dem Gesetz verantworten, natürlich *auch Flüchtlinge.*

»Es kommen doch nur junge Männer zu uns!«

Geht es um kriminelle Flüchtlinge, geht es automatisch um männliche Flüchtlinge. Schwarze Haare, Bart, dunkle Kleidung. Das Bild ist klar: Bushido will dich ausrauben. Dass zahlreiche Flüchtlinge männlich sind, können viele Deutsche einfach nicht nachvollziehen. Es macht ihnen Angst. Der Überschuss an Männern in der Asylbewerberstatistik bestätigt sie in dem Glauben, dass irgendetwas an diesen Menschen faul sein muss. Etwa 70 % der Flüchtlinge, die nach Deutschland kommen, sind männlich. Verdächtig, verdächtig. All diese Männer, die führen doch was im Schilde! Da schließt sich der Kreis zur Verschwörungstheorie, sie seien in Wahrheit eine Armee.

Diese *70 % männlich* liest man immer wieder, in großen Nachrichtenmagazinen genauso wie in kaum bekannten Blogs. Der Dramatik zuliebe wird es oft abgekürzt zu *70% junge Männer*. Diese Formulierung befeuert bei vielen das Bild vom Gucci-Gürtel-tragenden Aggro-Flüchtling mit nagelneuem iPhone, der nur zu uns kommt, um schmächtige Deutsche zu schlagen und blonde Frauen zu vögeln. Und die machen also 70% der Flüchtlinge aus, SKANDAL! DEUTSCHE, WACHT AUF, MERKEL MUSS WEG!!! ... so jedenfalls die Reaktionen à la PEGIDA & Co.

Die vielfach ausgezeichnete Webseite BILDBlog, die regelmäßig Halbwahrheiten und Skandalisierungen deutscher Medien unter die Lupe nimmt, hat sich diese Zahl genauer angesehen. Die Fragestellung: Wer flüchtet wirklich zu uns und wie viele von ihnen sind »junge Männer«?*

Zu diesem Zweck wurden Ende 2015 – dem bisherigen Flüchtlings-»Rekord«-Jahr – Daten des Bundesamts für Migration und Flüchtlinge (BAMF) überprüft. In der Behörde wird über alle Asylanträge Buch geführt, nirgends bekommt man einen umfassenderen Blick auf die Menge der Flüchtlinge in Deutschland.

Das Resultat ist fast ein bisschen langweilig: Denn obwohl die Bezeichnung »männlich« richtig ist, fällt das Bild der überwiegend böse blickenden Streitsucher Mitte zwanzig nach einem Blick auf die Altersstruktur

---

* Als »junge Männer« wurden alle volljährigen männlichen Flüchtlinge im Alter von bis zu 35 Jahren definiert. Falls der eine oder andere Leser Ü35 sich an dieser Stelle als offiziell »alt« gebrandmarkt vorkommt, so bitte ich darum, diese höchst diskriminierende Jung/alt-Marke der BILDBlog-Kollegen im Sinne der Statistik zu entschuldigen. Aber mit irgendwas muss man schließlich arbeiten! #ManKannEsNieAllenRechtMachen

der Flüchtlinge schnell wieder in sich zusammen. Was nämlich oft entweder vernachlässigt oder gar unterschlagen wird: Die Kinder, die nach Deutschland flüchten, haben (vermutlich zur großen Überraschung vieler Flüchtlingsgegner) nicht einfach das Geschlecht »Kind«. Auch die große Zahl von Jungen und Mädchen wird selbstverständlich in die Statistik über männliche und weibliche Flüchtlinge mit einbezogen. Und ihren »Verzerrungseffekt« sollte man nicht ignorieren. Auch wenn es auf »Nein zum Heim!«-Demos und an **AfD**-Stammtischen nicht gern gehört wird: Etwa jeder dritte Flüchtling in Deutschland ist minderjährig! Und, man stelle sich vor, es kommen tatsächlich auch ältere Männer zu uns! Natürlich würde jeder sofort zustimmen, dass auch kleine Jungs, Teenager oder Mittvierziger und Großväter allesamt männlich sind. Ist von »70 % männlichen Flüchtlingen« die Rede, haben viele aber nur eine bestimmte Altersklasse vor Augen. Statt Kinder und Ältere mit einzubeziehen, denken sie nur an einen bestimmen Typus. Berücksichtigt man jedoch nicht nur das Geschlecht der Flüchtlinge, sondern auch ihr Alter, kommt man zum Ergebnis, dass *nicht 70 %, sondern 38 % der Flüchtlinge »junge Männer«* (18 bis 35 Jahre) sind.

Das ist schon ein bemerkenswerter Unterschied, oder? Eine Veränderung um gut die Hälfte! Hier wird deutlich, wie wichtig es ist, Zahlen nicht nur zu kennen, sondern auch zu verstehen. Wenn Rechtspopulisten sich die spektakulären »70 % Männer« für ihre Stimmungsmache zu eigen machen, so ist das zunächst weder komplett falsch noch komplett richtig. Eine klassische Halbwahrheit eben. Das Problem ist, dass diese andere Hälfte der Wahrheit, die Wissenslücke, bei den meisten Menschen nicht mit Fakten, sondern mit Emotionen gefüllt wird: Angst vor Männern, Wut auf Politiker, Hass auf Fremde. Die öffentliche Debatte über Flüchtlinge ist auch deshalb so erhitzt, weil bei der breiten Masse so viele Wissenslücken existieren, dass die fehlenden Fakten beinah ausschließlich durch Emotionen ersetzt werden. Man kann darüber frustriert sein, andererseits ist es bis zu einem gewissen Grad nachvollziehbar: Wer möchte sich als durchschnittlicher Nachrichtenkonsument schon die Mühe machen, nach einer langen 40-plus-X-Stunden-Woche auch noch jede Zahl in der Zeitung oder im Internet zu prüfen?

Junge Männer machen innerhalb der Flüchtlingsstatistik also in Wahrheit einen deutlich geringeren Anteil aus, als oft kolportiert wird. Allerdings stellen sie trotzdem eine große Gruppe. Welche Gründe hat das? Vor allem: Wenn in Krisengebieten Männer und Frauen angeblich zu gleichen Teilen von Krieg und Vertreibung betroffen sind, warum ist das Verhältnis von Männern und Frauen dann nicht 50:50, häää?*

---

* Diese Frage wird oft von selbst ernannten »Asylkritikern« gestellt – mit hochgezogener Augenbraue und süffisantem Lächeln, weil sie davon überzeugt sind, gerade etwas sehr Cleveres gesagt zu haben. Diese Leute schnappen eine Handvoll Halbwissen auf und fühlen sich sofort, als seien sie die Erleuchteten. An dieser wohligen geistigen Position bleiben sie dann mit Vorliebe stehen und ignorieren fortan jede weitere Information, die ihren vorherigen Wissensstand infrage stellen könnte. Alles, was ihnen nicht passt, ist dann nur noch »Multikulti-Propaganda«. Ein Beispiel: Diese Leute tönen gerne, dass man in Deutschland durch die gewalttätigen Fremden seiner Haut nicht mehr sicher

Die »Asylkritiker«, die Asylbewerber vorrangig als eine getarnte Armada notgeiler Triebtäter sehen, müssen jetzt sehr, sehr stark sein: Das Verhältnis *ist* 50:50! Von den rund 60 Millionen Menschen, die weltweit auf der Flucht sind, ist die Hälfte weiblich! Und das sagt nicht mein Bauchgefühl, sondern das Flüchtlingshilfswerk der Vereinten Nationen (UNHCR).

Was noch wichtiger ist: Anders, als rechte Hetzer es oft unterstellen, will eben nicht die halbe Welt zu uns. Die meisten Flüchtlinge verlassen ihren Heimatstaat nicht einmal!

»Moment mal«, wird der ein oder andere PEGIDA-Anhänger vielleicht stutzen: Flüchtlinge, die in ihrer Heimat bleiben? Wie können sie dann überhaupt »Flüchtlinge« sein? Was für ein Hokuspokus ist das?! Auch hier lohnt es sich, nicht nur blind Zahlen zu dreschen, son-

---

sei! Das wissen sie, weil sie im Internet von den schlimmen Dingen gelesen haben, die Migranten anstellen (bspw. solche wie auf den Seiten 135–138). Liest man jedoch nicht nur Facebook, sondern – einfach mal zum Spaß! – die polizeilichen Kriminalstatistiken, erkennt man, dass die Gewaltkriminalität in Deutschland 2014 auf dem niedrigsten Stand seit gut 20 Jahren war! Ich habe diesen Sachverhalt einmal in einem Video auf meinem YouTube-Kanal angesprochen. Die Reaktion der Flüchtlingsgegner: Die Zahlen hätte ich mir ausgedacht, das könne gar nicht sein, ich würde für solche Behauptungen von Merkel persönlich bezahlt! Das ist ein riesiges Problem bei der Debatte mit solchen Menschen: Selbst wenn du ihnen Fakten schwarz auf weiß vorlegst, kann ihr Verstand nicht folgen. Sie sind so sehr in ihrer Hass-Blase, dass nichts zu ihnen durchdringt, was von ihrem eigenen Weltbild abweicht. Das ist eine ernsthafte Herausforderung für einen demokratischen und aufgeklärten Diskurs: Wie diskutiert man mit Menschen, wenn Fakten als Diskussionsgrundlage nicht mehr akzeptiert werden? #WennDummheitGefährlichWird #EsLäuftEinemKaltDenRückenRunter

dern sich klarzumachen, was diese Zahlen bedeuten. Ja, es gibt weltweit 60 Millionen Flüchtlinge. Die Frage ist nun, was man mit dieser Information anstellt: Ob man ruhig und überlegt hinterfragt, was dahintersteckt* – oder es einfach nachplappert und zur Panikmache der Bevölkerung pervertiert.

Andreas Scheuer etwa, Generalsekretär der CSU, machte sich im Sommer 2015 die »60 Millionen« zu eigen und verstieg sich in einem Interview zur Behauptung: »An den Grenzen stehen 60 Millionen Flüchtlinge. Wie sollen wir dieser Massen Herr werden? Wir können nicht die ganze Welt retten.«

An dieser Aussage ist wenig richtig und fast alles falsch. Richtig ist, ich wiederhole, dass es weltweit 60 Millionen Flüchtlinge gibt. Allerdings stehen nicht 60 Millionen Menschen »an den Grenzen« – schon gar nicht an unseren! Von den rund 60 Millionen Flüchtlingen im Jahr 2014 waren 38 Millionen sogenannte *Binnenflüchtlinge* – Menschen, die *innerhalb* ihres Landes vor Tod und Verfolgung fliehen! Es zieht sie beispielsweise in benachbarte Städte, in denen sie darauf hoffen, so schnell wie möglich in ihre – etwa von der Terrormiliz **Islamischer Staat (IS)** besetzte – Heimatregion zurückkehren zu können. Wer verlässt schon gern sein Zuhause? Zudem ist eine Flucht nicht zuletzt auch eine finanzielle Belastung, und viele Schutzsuchende sind bitterarm. Ein Platz auf einem der überfüllten Boote, die übers Mittelmeer nach Europa ächzen, ist für die allermeisten unerschwinglich.

---

* HAHAHAHahaha als ob ... :(

Ein weiterer großer Teil der Flüchtlinge hofft auf Sicherheit in den angrenzenden Nachbarstaaten. Die größten Flüchtlingslager der Welt liegen daher nicht etwa in Südeuropa oder gar Deutschland – wie man bei all der verbreiteten Weltuntergangsstimmung von **AfD** und PEGIDA meinen könnte –, sondern in Kenia, Äthiopien und Jordanien. Unter den fünf Nationen, die weltweit die meisten Flüchtlinge aufnehmen (Türkei, Pakistan, Libanon, Iran, Äthiopien), findet sich *kein einziges europäisches Land*. Auch das gehört zur Wahrheit über die aktuelle Flüchtlingskrise.

Keine Frage, Deutschland nimmt viele Menschen auf. Im Jahr 2015 kamen etwa 1,1 Millionen Flüchtlinge in die Bundesrepublik.* Gemessen an früheren Jahren ist das eine gewaltige Zahl – global betrachtet aber nicht mehr als ein Tropfen auf den heißen Stein. Die nach Deutschland strömenden Flüchtlinge machen 0,6 % der

---

* Unter Rechtspopulisten ist diese Zahl nicht sonderlich beliebt. Sie sprechen lieber von »2 Millionen Flüchtlingen«, um ihren Untergangsfantasien mehr Dramatik zu verleihen. Dabei beziehen sie sich auf das Statistische Bundesamt, das für 2015 den »Zuzug von knapp 2 Millionen ausländischen Personen« meldete. So weit, so gut. Was die Hetzer jedoch mit Vorliebe auslassen, ist der Rest der Meldung: nämlich, dass im gleichen Zeitraum rund 860 000 Ausländer Deutschland wieder verließen. Dadurch sinkt ihre Zahl effektiv auf die oben genannten 1,1 Millionen. Das ist auch kein niederträchtiger »Trick« böswilliger Lügen-Statistiker, sondern in der Migrationsforschung ein grundlegender Baustein, den man »Wanderungssaldo« nennt. Flüchtlingsgegner wollen durch das Zitieren der »2 Millionen« den Eindruck erwecken, dass die Islamisierung/Überfremdung/was-auch-immer doppelt so schnell voranschreite, wie es die tatsächliche Faktenlage hergibt. #IAmSoUngeduldig #KönnensGarNichtErwarten

weltweiten Flüchtlinge aus. Das ist keine Relativierung, sondern ein simpler Fakt. Im Klartext: Deutschland hatte selbst im bisherigen Rekordjahr mit 99,4 % der Flüchtlinge nichts zu tun. Wir sind weder »das Sozialamt der Welt«, noch möchte »jeder Asylant zu uns!!«. Die Situation in Deutschland, die von hiesigen »Patrioten« als Epizentrum der »Asyl-Katastrophe« wahrgenommen wird, zeigt in Wahrheit nur einen winzigen Bruchteil des Dramas, das sich rund um den Erdball abspielt.

Ich höre die deutschen Flüchtlingsgegner natürlich schon lautstark protestieren: »Weltweit am Arsch! Was interessiert mich, wie die Lage in anderen Ländern ist?! Für uns zählt doch nur, wer nach Deutschland kommt!!!« Ich garantiere, diese »Argumentation« deutscher »Patrioten« kommt todsicher, sobald es um die Situation von Asylbewerbern geht; vor allem wenn sich die Debatte um deren Männer-/Frauenanteil dreht: »Was juckt uns der Frauenanteil in türkischen Flüchtlingslagern? Wir reden doch von Deutschland!!«

Diese *Das-eine-hat-doch-nix-mit-dem-anderen-zu-Tun!-Logik* sagt einem eigentlich schon alles über den kognitiven Horizont seines Gegenübers, was man wissen muss. Bei einem Flüchtlingsgegner dieses Kalibers kann man nicht weniger als vollkommene Realitätsleugnung beobachten. Man kann so jemanden mit einem bockigen Kind vergleichen, das sauer auf seine Mutter ist, weil sie ihm keine Playstation kauft. Mutti ist ja sooo gemein. Dass es vielleicht nicht an Mutti liegt, sondern daran, dass sie nicht viel verdient und eine neue Spielkonsole verdammt teuer sein kann, übersteigt in einem besonders jungen Alter schlicht die Auffassungsgabe des Nachwuchses. Beruf, Geldsorgen, Playstation-Preis – um so etwas kümmert sich ein schmollendes Kind nicht.

Ähnlich weit reicht das Denkvermögen vieler »Refugees NOT welcome!«-Brüller: Äußere Umstände und Zusammenhänge, die über die eigenen vier Wände hinausgehen, liegen völlig außerhalb ihrer geistigen Kapazität. »So viele männliche Flüchtlinge! Das kann ja wohl kein Zufall sein!« Gleichzeitig weigern sie sich beharrlich, Erklärungen für die von ihnen kritisierte Situation zu akzeptieren. Im Gegenteil, jedes Mal, wenn in einem Zeitungsartikel oder Fernsehbeitrag auf die Ursachen des erhöhten Männeranteils bei Asylbewerbern in Deutschland hingewiesen wird, schallt es aus dem Chor der »Asylkritiker« reflexartig: »LÜGENPRESSE!!«[*]

Dabei setzt sich das tatsächliche Bild vom »verdächtigen« Männerüberschuss bestechend simpel zusammen. Rufen wir uns einige der bisher genannten Informationen einfach noch mal ins Gedächtnis. Eigentlich reichen schon vier Fakten, um Licht in die dunkle *Asyl-Verschwörung* zu bringen:

♦ Die meisten Flüchtlinge sind sehr arm.
♦ Eine Reise nach Deutschland ist für sie sehr teuer.
♦ Weltweit gibt es in etwa gleich viele weibliche und männliche Flüchtlinge.
♦ Nur ein geringer Teil aller Flüchtlinge nimmt die Reise nach Deutschland auf sich.

---

[*] Diesem Vorwurf ist ab S. 125 ein komplettes Kapitel gewidmet.

Ich würde mir wünschen, dass jeder vor Wut kochende Flüchtlingsgegner dazu bereit wäre, sich für wenigstens fünf Minuten den Schaum vom Mund zu wischen, um diese Informationen sacken zu lassen. Im Ernst: ein leeres Klassenzimmer, nicht mehr als diese vier Punkte an der Tafel und einen »Asylkritiker« davorsetzen. Und dann gibt's, wie in der Schule, mal ein paar Minuten Internetverbot. Es wird nicht auf rechten Blogs und Facebook-Seiten gesurft, um sich eine fertige Meinung vorsetzen zu lassen, sondern zur Abwechslung für fünf Minuten selbst gedacht. Fünf konzentrierte Minuten. Mehr Zeit sollte es auch den verbohrtesten PEGIDA-Anhänger nicht kosten, das Geheimnis der vielen »jungen Männer« zu entschlüsseln.

Ich ermuntere übrigens ausdrücklich zum Selbstversuch: Falls noch nicht klar sein sollte, warum in Deutschland der Männeranteil unter den Flüchtlingen größer ist als z. B. in Jordanien oder dem Libanon, empfehle ich, eine kurze Lesepause einzulegen und die oben genannten Punkte (S. 96 ff.) noch einmal durchzugehen. Nein, wirklich. Ich bin mir sicher, dass jeder Leser es in weniger als fünf Minuten schafft, das Asyl-»Rätsel« zu lösen – an dem sich rechte Hetzer monatelang die Zähne ausbeißen und die fantastischsten Verschwörungstheorien aufstellen, um es zu erklären.

Also: vier Punkte, fünf Minuten.

Auf die Plätze … fertig … los! *

---

* #TopDieWetteGilt #BisGleichRätselfreunde #WirLesenUnsInFünf-Minuten

Tick, tick, tick, tick, tick ...

Wieder da? Klasse! Schreiten wir zur *Auflösung*. Der Ablauf vieler Fluchten sieht folgendermaßen aus: Eine Familie muss ihre Heimat verlassen, weil z. B. Bombenhagel und Terror-Milizen – kurz: *Krieg* – ein Bleiben unmöglich machen.[*]

---

[*] Wobei Krieg zwar der bekannteste, aber bei Weitem nicht einzige Grund zur Flucht ist. In Zukunft werden etwa sogenannte »Klimaflüchtlinge« eine zunehmend größere Rolle spielen. Umweltexperten und Migrationsforscher schlagen seit Jahren Alarm, dass die Weltgemeinschaft sehenden Auges in eine humanitäre Katastrophe ungeahnten Ausmaßes steuere. Der Klimawandel befeuert die Ausbreitung lebensfeindlicher Wüsten und den Anstieg des Meeresspiegels; in den Inselstaaten des Südpazifiks werden deshalb bereits heute Deiche gebaut und Küsten künstlich aufgeschüttet. In einer Studie von 2007 warnten Greenpeace und die Universität Hamburg vor den bereits heute absehbaren Folgen: »Etwa 30 der weltweit am wenigsten entwickelten Länder drohen in den kommenden Jahren zu zerfallen.« Wenige Jahre später, im Vorfeld der Welt-Klimakonferenz 2014 in New York, warnte dann selbst der deutsche Bundesminister für wirtschaftliche Zusammenarbeit und Entwicklung, Gerd Müller (CSU), vor künftig bis zu 200 Millionen »Klimaflüchtlingen«. Seine Kabinettskollegin, Umweltministerin Barbara Hendricks (SPD), fordert indes die Vereinten Nationen dazu auf, »Klimaflüchtlinge« endlich offiziell anzuerkennen. »Asylkritiker« belächeln dieses Vorhaben naturgemäß gerne, da sie der Meinung sind, dass »schlechtes Wetter kein Asylgrund ist!!« Leider begreifen sie nicht,

Die Familienmitglieder, also etwa Mutter, Vater, Kinder, Großeltern, machen sich daraufhin gemeinsam auf den Weg in die nächstmöglichen sicheren Gebiete; oft in große Flüchtlingslager. Zu diesem Zeitpunkt flüchten noch alle gemeinsam, egal ob männlich, weiblich, alt oder jung. Es geht darum, so schnell wie möglich den unmittelbaren Gefahren durch Bombardement, Folter oder – man muss es in Zeiten von **Boko Haram** und **Islamischem Staat (IS)** so deutlich sagen – Versklavung zu entkommen.

In den Flüchtlingslagern sind die Zustände oft chaotisch bis unhaltbar. Abertausende Menschen drängen sich auf engstem Raum in provisorischen Zelten. Die knapp bemessene Versorgung mit Wasser, Lebensmitteln und Medizin kann den Massen an Menschen kaum gerecht werden. Hunger, Krankheit und Tod sind in den Lagern keine Seltenheit. Im Nahen Osten wird eine Rückkehr in die Heimat zudem mit jedem Tag unsicherer, an dem Terroristen weiterhin Anschläge verüben und Staaten wie die USA, Großbritannien, Frankreich oder Russland Luftangriffe fliegen.

---

dass für die Menschen in besonders betroffenen Ländern nicht die Hitze an sich das Problem ist, sondern die Zerstörung lebensnotwendiger Dinge, wie etwa durch Meerwasser versalzenes – und somit ungenießbares – Grund-/Trinkwasser oder extreme Dürreperioden, die die Landwirtschaft (und somit sowohl eine Selbstversorgung mit Nahrungsmitteln als auch den Erhalt einer bedeutenden Branche) massiv erschweren oder schier unmöglich machen. Mit derlei Details stößt man bei überzeugten Flüchtlingsgegnern jedoch oft auf Unverständnis. #KlimaflüchtlingePah #DenKlimawandelGibtsDochEhNicht #IstDochNurEineLügeDerMainstreamMedien

Wenn das ursprüngliche, eigene Zuhause zum Schlachtfeld verkommt und man merkt, dass Flüchtlingslager keine Orte mit Zukunft sind, eröffnen sich zwei Alternativen: Entweder man bleibt mit seiner Familie unter widrigsten hygienischen und medizinischen Lebensumständen im Lager, ohne zu wissen, wann (und vor allem *ob*!) man eines Tages in die alte Heimat zurückkommt. Oder man versucht, sich zu einem Ort durchzuschlagen, an dem die Zustände weniger katastrophal sind und man die bestmögliche Hilfe für sich und seine Familie vermutet.*

Dabei handelt es sich nicht nur um eine ideelle, sondern auch um eine finanzielle Frage. Um eines der berüchtigten Flüchtlingsboote zu betreten, die von der nordafrikanischen Küste aus übers Mittelmeer fahren, muss viel Geld auf den Tisch gelegt werden. Ein einziger Platz kann bis zu mehrere Tausend Euro kosten. Angesichts der Menge an Flüchtlingen, die auf ein neues Leben in Europa hoffen, können die Schlepper horrende Preise verlangen. Hier herrscht keine Verschwörung,

---

* Für viele Asylsuchende heißt dieser Ort: Europa. Was nicht weiter verwundern sollte, immerhin ist es nicht nur eine der reichsten und wirtschaftlich stärksten Regionen des Planeten, sondern von Nordafrika betrachtet auch noch so gut wie um die Ecke. Sosehr Flüchtlingsgegner auch diejenigen Asylbewerber nicht leiden können, die hoffen, bei uns aufgenommen zu werden: Vor die gleiche Wahl gestellt, mit der Familie entweder auf unbestimmte Zeit im Dreck der Flüchtlingslager festzusitzen (von denen man nicht weiß, wie lange sie überhaupt in Betrieb gehalten werden und Schutz bieten können) oder mit einem Neustart sein Glück im Ausland zu suchen, würden viele wohl die gleiche Entscheidung fällen. #SeidEhrlich

sondern das klassische Gesetz von Angebot und Nachfrage. Die Kosten für eine Flucht per Boot sind derart hoch, dass es sich die meisten Familien schlicht nicht leisten können, die Überfahrt allesamt gemeinsam zu wagen. Der einzige Ausweg: Alle legen zusammen, um zumindest einem Familienmitglied die teure Flucht nach Europa zu ermöglichen. Und auf wen wird die Wahl wohl in der Regel fallen? Überraschung: auf die fittesten und kräftigsten unter ihnen. Diejenigen, die die Strapazen der Reise am ehesten überstehen können.[*] Die Menschenrechtsorganisation **Pro Asyl** spricht in diesem Zusammenhang bereits von einem regelrechten *Asyl-Darwinismus*.

So viel zum »Geheimnis« der vielen jungen Männer unter den Flüchtlingen. Noch einmal ganz kompakt zusammengefasst: Männer/Frauen/Kinder fliehen *anfangs gemeinsam*. In einer »provisorischen« Sicherheit angekommen, etwa in einem Flüchtlingslager, *bleiben Frauen oft zurück*. Der weitere Weg in eine dauerhaft sichere neue Heimat ist in der Regel nicht nur gefährlich,

---

[*] Auch das Pflichtgefühl der Männer spielt bei der Entscheidung eine Rolle. Die Mittelmeer-Route gilt als hochgefährlich; seit dem Jahr 2000 sollen weit über 20 000 Flüchtlinge im Meer ertrunken sein. Als Familienoberhaupt sehen es viele Väter als ihre Aufgabe an, Frau und Kindern das Risiko zu ersparen und es selbst auf sich zu nehmen. Daher laufen auch die stumpfen Vorwürfe von PEGIDA-Anhängern ins Leere, die sich darüber echauffieren, warum die männlichen Flüchtlings-»Feiglinge« denn total egoistisch selbst in die Boote stiegen, statt ihre Familien vorzuschicken. Solche »Asylkritiker« demonstrieren besonders eindringlich, wie wenig Ahnung sie von der Materie haben, über die sie sich so gerne aufregen. #EinfachMalKlappeHalten

sondern auch zu teuer für mehrere Familienmitglieder. *Die Männer gehen vor*, mit dem Ziel, die Familie später auf legalem Weg nachzuholen.

Eine Frage muss nun gestattet sein, an die »Viele Flüchtlinge sind Männer, also müssen sie eine geheime Armee sein«-Fraktion: Sind diese Zusammenhänge wirklich so schwer nachzuvollziehen? Muss sofort ein düsterer Dolchstoß-Plan gegen Deutschland beschworen werden, wenn die Ursachen derart klar zu erkennen sind?

Aber gut, wenn wir schon bei wilden Theorien sind, stelle ich auch eine auf: Ginge es im Streit um zu viele Flüchtlinge, die nach Deutschland kommen, nicht vorrangig um »junge Männer mit großen Muskeln«, sondern »junge Frauen mit großen Brüsten« ... das Motto der deutschen »Patrioten« wäre nicht »Nein zum Heim«, sondern »Die Welt zu Gast bei Freunden«.

Diese Behauptung sauge ich mir nicht einfach aus den Fingern. Entsprechende Fotos, von nackten Frauen auf Booten (vermutlich Männermagazinen oder Pornos entliehen), tauchen im Netz immer wieder auf. In einer PEGIDA-Fangruppe auf Facebook animierte eines dieser Bilder – großbusige Blondinen, deren unverhüllte Körper sich auf einem schmalen Boot aneinanderschmiegen – die asylkritischen Nutzer zu erwartbaren Kommentaren wie: »Die nehm ich natürlich auf«, »Schick mir welche ... habe genug Platz« und »jaa biiiitteee«. Das sind also die Bürger, von denen mancher Politiker noch heute behauptet, man müsse ihre Sorgen ernst nehmen.

Dummerweise ist das Recht auf Asyl jedoch unabhängig von Geschlecht, Alter oder Körbchengröße.* Mit ihren Forderungen, es Flüchtlingen so schwer wie möglich zu machen, würden PEGIDA-Anhänger den Frauenanteil unter den Asylbewerbern noch nicht einmal steigern. Das Gegenteil dürfte der Fall sein: Je gefährlicher eine Flucht ist, desto eher werden die Risiken Männer statt Frauen auf sich nehmen. Gleichzeitig würde ein Stopp von Familiennachzügen (eine populäre Forderung unter Flüchtlingsgegnern; also z. B. Ehefrauen, Schwestern, Töchtern die Einreise zu verweigern) die Frauenquote wohl noch geringer ausfallen lassen. Beim würdelosen Jammern über zu wenige geile Weiber unter den Asylbewerbern stehen sich die »Patrioten« also letztlich sogar selbst im Weg.

Deutschland im Sinkflug

Deutschland ist nicht das einzige Land, in dem Flüchtlinge zunehmend Ablehnung erfahren. Ganz im Gegenteil: Wie so oft hinkt die Bundesrepublik anderen Nationen einige Jahre hinterher. Frankreich, Österreich, Polen, Ungarn, die Niederlande und weitere europäische Staaten sind uns, was den Rechtsruck betrifft, schon weit voraus. Dort gehören Rechtspopulisten zu den stärksten politischen Kräften. Wenn es eine Sache gibt, die uns hierzulande am Aufstieg einer Partei wie der **AfD** überraschen sollte, dann, dass er erst jetzt kommt.

---

* Bitte eine Schweigeminute für die vernachlässigten deutsch-nationalen Aufreißer ;_;

In dieser Entwicklung scheint Deutschland auch dem ewigen großen Vorbild zu folgen: den USA. Was haben wir früher nicht über die Wähler in den Vereinigten Staaten gelacht. Ho-ho-ho, ein Volk, das einen George W. Bush nicht nur zum Präsidenten wählt, sondern *wieder*wählt. Ein Land, in dem hochrangige Politiker die Erderwärmung leugnen, weil es immer noch Schnee gibt. In dem Donald Trump für die Forderung nach einem Einreiseverbot für alle Muslime und Aussagen wie »Das Konzept des Klimawandels ist eine Erfindung der Chinesen, um die US-amerikanische Wirtschaft zu schwächen« nicht mit Fallobst von der Bühne gebuht, sondern frenetisch bejubelt wird. Was für Dummdödel, diese Amis, hihihi.

Und bei uns? Bei uns fordert **AfD**-Vizechef Alexander Gauland, keine muslimischen Flüchtlinge aus dem Nahen Osten mehr aufzunehmen, und seine Partei fabuliert davon, dass die gewaltige Menge von Abgasen in Deutschland, etwa durch Fahrzeuge und Kraftwerke, ja auch ihre guten Seiten habe, weil Pflanzen das CO_2 doch zum Wachstum benötigten. *

---

* Diese lächerliche »Argumentation« erinnert geradezu schmerzhaft an die vom US-amerikanischen Ölriesen Exxon Mobil finanzierte »We call it life«-Kampagne aus dem Jahr 2006. In absolut wahnsinnigen TV-Spots säuselte eine vertrauenswürdige Frauenstimme zu verträumtem Klaviergeklimper vom natürlichen Kreislauf des Lebens, in dem Pflanzen das CO_2 »einatmen«, das der Mensch »ausatmet«. Tenor: Keine Sorge wegen Abgasen, CO_2 ist absolut natürlich. Daher seien auch die Milliarden Tonnen Kohlendioxid, die die USA Jahr für Jahr in die Luft blasen, letztlich keine Umweltverschmutzung, sondern in Wahrheit Lebensgrundlage (!) für die Pflanzenwelt und somit uns alle. Der

Man mag das absurd finden, aber **AfD**-Wähler beschäftigt so was. Wie sind überhaupt Pflanzen gewachsen, bevor der Mensch so gütig war, den Planeten mit rauchenden Kraftwerksschloten zu überziehen? Fragen über Fragen!

Als fortschrittsorientierter Mensch wäre es leicht, die **AfD** als rückständigen Teufel an die Wand zu malen. Eine Partei, deren Mitglieder regelmäßig versuchen, den Deutschen einzureden, dass Flüchtlinge in Wahrheit nicht integrierbar seien, und deshalb den Untergang des Abendlandes beschwören, gibt einfach eine zu schöne Zielscheibe ab. Doch die **AfD** ist nicht Urheber des deutschen Rechtsrucks, sie ist Profiteur. Man kann sich noch so sehr darüber aufregen, wie ihre Mitglieder ernsthaft debattieren, die Aufnahme von Flüchtlingen an ihrer Religion festzumachen. Natürlich ist das weltfremd und eine bizarre Entstellung des Menschenrechts auf Asyl, das ja gerade vor willkürlicher Ausgrenzung schützen soll. Mit der kategorischen Ablehnung muslimischer Asylbewerber wird schließlich ein kompletter Glauben vorverurteilt. Aber die Angelegenheit darf nicht spiegelverkehrt betrachtet werden: Das Problem sind nicht die stumpfen Parolen der **AfD.** Sondern die Wähler, die ihr dafür ihre Stimme schenken.

---

unfassbare Slogan: »They call it pollution. We call it life.« (»Sie nennen es Verschmutzung. Wir nennen es Leben.«) Darauf musst du erst mal kommen: Umweltschützer, die sich für erneuerbare Energien einsetzen, als Pflanzenhasser darzustellen, weil sie den armen Bäumen und Wiesen das wertvolle Kohlendioxid vorenthalten wollen. #PRAusDerHölle #FunktioniertMittlerweileAuchBeiUns

Machen wir uns nichts vor: Die Führung der Partei könnte noch so abenteuerliche Forderungen stellen, ohne ihre Wähler wäre sie nichts. Sicher, die **AfD** gießt Öl ins Feuer, aber sie *ist* nicht das Feuer. Sie kanalisiert lediglich die Wut und Angst vieler Bürger, die sich nach der Welt von gestern zurücksehnen. Löste sich die **AfD** heute auf, nähme morgen eine andere Partei ihren Platz ein. Was uns alarmieren sollte, ist die Verunsicherung innerhalb der Bevölkerung, nicht die politische Bewegung, die davon profitiert.

In dieser Hinsicht befindet sich Deutschland in einem beunruhigenden geistigen Sinkflug. Ich bin fest davon überzeugt: Eine Partei wie die **AfD** hätte in Deutschland vor zehn Jahren noch nicht funktioniert.

Politische Kräfte, die sich für Einwanderungsstopps und Abschiebungen einsetzen, gibt es schon lange; auch die Vorbehalte gegenüber Muslimen werden nicht erst seit der **AfD** für den Stimmenfang instrumentalisiert. Was sich jedoch geändert hat, sind die schier grenzenlose Dummheit und Radikalität, die weite Teile der Republik erfasst zu haben scheinen. Es darf nicht vergessen werden: Wir leben heute in einem Land, in dem der Bundesjustizminister die Bürger öffentlich darauf hinweisen muss, dass man doch bitte nicht öffentlich dazu aufrufen solle, andere Menschen aufzuhängen, totzuschlagen, in die Gaskammer zu stecken, bei lebendigem Leib zu verbrennen oder zu erschießen.

Das sind keine Dinge, die ich mir ausdenke. Es sind Forderungen, die man Tag für Tag in den sozialen Netzwerken lesen kann. Da braucht es mittlerweile Krisentreffen vom Justizminister mit deutschen Facebook-Vertretern, damit Mordaufrufe und Volksverhetzung von einer neu gegründeten »Task Force« eingeschränkt werden. Wie peinlich ist das bitte? Was sagt das über die Menschlichkeit innerhalb unserer Gesellschaft aus? Wo zum Teufel sind wir als Nation angekommen?

Flüchtlingsgegner inszenieren sich vor diesem Hintergrund gern als Opfer. Sie bezeichnen es als »Zensur«, wenn auf Facebook Beiträge von ihnen gelöscht werden, in denen sie etwa Konzentrationslager für Flüchtlinge fordern oder Massenerschießungen von Politikern. Es sei ein Angriff auf ihre »Meinungsfreiheit«. Was jedoch fast immer von diesen Leuten (absichtlich?) missverstanden wird: Es geht nicht darum, dass man in Deutschland nicht »gegen Flüchtlinge« sein darf. Natürlich kann man die Flüchtlingspolitik der Bundesregierung kritisieren und zum Beispiel die Beschlagnahmung leer stehender Immobilien zur Unterbringung von Asylbewerbern infrage stellen. * Verdammt noch mal, mindestens der halbe Bundestag dürfte der Meinung sein, dass das Land mehr Flüchtlinge auf Dauer nicht verkraftet! Die geheuchelte Empörung, man könne heutzutage keine Kritik mehr an irgendwas üben, ist blanker Unsinn. Wer sich vom Staat unterdrückt fühlt, weil er nicht beliebig zu

---

* Hamburg beschloss etwa im Herbst 2015 das »Gesetz zur Sicherung der Flüchtlingsunterbringung in Einrichtungen«. Damit wurde ermöglicht, nicht genutzte Gewerbeimmobilien als temporäre Unterkünfte für Flüchtlinge zu verwenden. Auf solche Weise entstehen in den Medien die Bilder von Hunderten Menschen, zusammengepfercht in ehemaligen Baumärkten. Eine Übergangslösung, mit der niemand wirklich zufrieden ist – aber immer noch um Längen besser, als die Leute ohne ein Dach über dem Kopf sich selbst zu überlassen.

Mord und Totschlag aufrufen darf, hat schlicht nicht alle Tassen im Schrank.

Es ist gar keine Frage, die hohe Zahl von Asylbewerbern stellt das Land vor Herausforderungen. Es bleibt jedoch ein bedeutender Unterschied, ob die Antwort darauf ist: *Wir müssen unsere Politik ändern,* oder: *Wir müssen sie alle umbringen!!* Dass man das den Deutschen heute wieder erklären muss, ist der eigentliche Skandal – nicht das »Zensur!«-Geheule rechter Gewaltfetischisten.

Das Erbe der »Patrioten«

All das Zetern und Schäumen der Flüchtlingsgegner dient in ihren eigenen Augen hehren Zielen: das deutsche Volk zu beschützen und die deutsche Kultur zu bewahren. Man ist schließlich immer noch das Land der Dichter und Denker! Die Heimat von Goethe, Heine, Schopenhauer! Dieses Erbe gilt es zu verteidigen! Da müssen die deutschen Patrioten zusammenhalten!

Vielleicht wäre es eine gute Idee, auf der nächsten PEGIDA-Demo eine Lesung abzuhalten. Gute, alte deutsche Literatur! Klassische Zitate ihrer großen Lichtgestalten; übers Megafon an die versammelten Verteidiger des Abendlandes. So als Motivation!

»… jeder erbärmliche Tropf, der nichts in der Welt hat, darauf er stolz sein könnte, ergreift das letzte Mittel, auf die Nation, der er gerade angehört, stolz zu sein. Hieran erholt er sich und ist nun dankbar-

lich bereit, alle Fehler und Torheiten, die ihr eigen sind, mit Händen und Füßen zu verteidigen.«
– Arthur Schopenhauer

»Fatal ist mir das Lumpenpack, das, um die Herzen zu rühren, den Patriotismus trägt zur Schau, mit allen seinen Geschwüren.«
– Heinrich Heine

»Je schlechter das Land, desto bessere Patrioten.«
– Johann Wolfgang von Goethe

… da kommt doch Stimmung auf! Und jetzt alle die Deutschlandflagge schwenken! Huuuiii!*

PEGIDA-Anhänger werfen mir gerne vor, ich sei »antideutsch«. Sie behaupten, dass ich Deutschland verachten würde. Die Wahrheit könnte nicht weiter davon entfernt sein. Deutschland ist mir außerordentlich wichtig. Warum? Nun, um es als alter Comic-Fan mit dem **Marvel**-Charakter Peter Quill alias Starlord zu sagen: »Weil ich einer der Idioten bin, die darin leben!«

Es erschüttert mich ein ums andere Mal, wie die »Patrioten« zur Rettung des christlichen Abendlandes völ-

---

* Der Vollständigkeit halber: Ich habe kein Problem mit der deutschen Flagge. Wer will, soll sie sich vors Haus hängen, vom Balkon wehen lassen, aufs T-Shirt drucken oder tätowieren lassen. Wenn du Deutschland magst und es zeigen willst: Bitte schön! Himmel, ich selbst trage die deutsche Flagge auf dem Cover dieses Buchs als Krawatte! Was mir aber sauer aufstößt, sind Leute, die die Farben meines Landes missbrauchen, um andere Menschen auszugrenzen. #WhenLiebeZuDeutschland GoesWrong

lig ironiefrei mehr »Stolz« auf Deutschland fordern – im Christentum ausgerechnet die erste der sieben Todsünden! Ich halte Deutschland für einen großartigen Platz zum Leben. Aber ich bin deswegen nicht stolz. Ich bin dankbar.

Dankbar dafür, in einem Land leben zu können, das nicht im Bombenhagel untergeht. Dankbar dafür, nicht in einem überfüllten Boot darum beten zu müssen, Land zu erreichen. Dankbar dafür, meine Familie nicht zurücklassen zu müssen.

Über so etwas machen sich deutsche Flüchtlingsgegner wenig Gedanken. Sie sind zu beschäftigt damit, sich gegenseitig zu versichern, dass sie auf keinen Fall irgendwie rechts oder »Nazi« seien. Einer der beliebtesten Sprüche unter ihnen lautet: »Ich bin nach 1945 geboren! Ich schulde der Welt einen Scheiß!«

Doch, das tut ihr. Angesichts der Tatsache, dass ihr nicht die armen Teufel seid, die sich zu Fuß von einem Kontinent in den nächsten aufmachen, ohne zu wissen, wo sie ankommen und ob sie überleben, schuldet ihr der Welt zumindest *eine* Sache.

Dankbarkeit.

Nachwort

»Geheime Armee«, »Kannibalen«, »Alles nur Kriminelle«: Man kann endlose Zeit damit verbringen, sämtlichen Bullshit über Flüchtlinge aufwendig auseinan-
derzunehmen und detailreich zu widerlegen. Doch der
Strom an Vorurteilen und Beleidigungen versiegt nie.
Ein zentrales Motiv bleibt dabei die angebliche Unvereinbarkeit des Islams mit der deutschen Gesellschaft.

In diesem Zusammenhang möchte ich eine persönliche Erfahrung von mir im Umgang mit Fremdenfeinden und Islam-Gegnern teilen. Eine, die mir unwiderruf-
lich demonstriert hat, welchen Wert ihre großspurigen
Forderungen zur *Integration* und *Modernisierung des
Islams* haben.

Das wahre Gesicht der »Islamkritiker«

Eine vielfach bemühte Floskel aus den Reihen von PE-
GIDA und der **AfD** lautet: »Muslime sollen sich anpassen!« Keine Gelegenheit wird ausgelassen, darauf hinzuweisen, wie stark sich Muslime angeblich von den
Deutschen unterscheiden und wie unfähig sie zur Integration seien. In Wahrheit wollten sie nichts mit Deutsch-

land zu tun haben und flüchteten sich lieber in abgeschottete Parallelgesellschaften.

Nun muss man wissen, dass ich als Deutscher (huch!) *und* Agnostiker (HUCH!!) mit einer türkischstämmigen Muslimin zusammen bin.* Viel mehr Integration kann man von ihr wohl nicht mehr verlangen.

In einem Video auf meinem YouTube-Kanal sprach ich diese Tatsache einmal an. Es ging um die Scham und Trauer, die Muslime in Deutschland empfinden, wenn irgendwo auf der Welt mal wieder ein Irrer im Namen des Islams Menschen umbringt. Wie sie in solchen Zeiten von vielen Deutschen unter Generalverdacht gestellt werden, ganz so, als steckten sie heimlich mit den Terroristen unter einer Decke. Als etwa am 13. November 2015 Anhänger des IS in Paris 130 Menschen töteten, saßen meine Freundin und ich fassungslos vor dem Fernseher. Wir hatten Tränen in den Augen. Zur gleichen Zeit kochte im Land der altbekannte Reflex hoch, sämtliche Muslime für die Anschläge in Sippenhaft nehmen zu wollen.

---

* Agnostiker werden hin und wieder mit Atheisten in einen Topf geworfen. Um den Unterschied kurz zu erläutern: Während Atheisten die Meinung vertreten, dass es »auf keinen Fall!« einen Gott gebe, halten es Agnostiker eher nach der alten Swingerweisheit: »Alles kann, nix muss.« Als Agnostiker geht man davon aus, dass die Existenz von Gott eh nicht bewiesen werden kann, dementsprechend erspart man sich gern den ganzen Heckmeck darüber, welcher Gott jetzt der richtige sei oder ob es überhaupt einen gebe. Man erkennt gewissermaßen die Gesetze der Logik an, indem man zugibt, dass sich die Existenz eines Gottes weder beweisen noch widerlegen lässt – da Gott ja per Definition bereits als größtes anzunehmendes Etwas **über** der Logik angesiedelt ist. Das Credo lautet also: Kann schon sein, dass es Gott gibt, aber man muss es nicht glauben, nur weil es ein anderer Mensch behauptet. #Juckt

Mit dem öffentlichen »Bekenntnis« zu meiner Partnerin wollte ich meine Zuschauer daran erinnern, dass Muslime uns eben nicht alle umbringen wollen, sondern ein selbstverständlicher Teil unserer Gesellschaft sind. Menschen, die unsere Freunde sind, die sich um uns kümmern, die uns *lieben.* Dabei ging es weniger um mich als um all die Beziehungen und Freundschaften zwischen Muslimen und Nicht-Muslimen, die heute zu unserem Land einfach dazugehören.

Die Reaktionen der patriotischen selbst ernannten »Islam-Modernisierer« sprechen Bände. Nachfolgend einige Kommentare, die zum entsprechenden Video gepostet wurden. Sie gehen nicht nur vollkommen an der eigentlichen Aussage des Beitrags vorbei, sondern sind zudem ein entlarvendes Paradebeispiel für die Doppelzüngigkeit der Islamfeinde:

»*Du sagst, Deine Freundin ist Muslima. Sie kann es aber laut Koran nicht sein. Denn wäre sie eine Muslima, hätte sie nicht Dich als Freund! du hast* keine Muslima *als Freundin. Du bist ein Lügner*«

»*Deine Freundin ist also Muslimin. Das bedeutet, dass du mit jemandem zusammen bist, der davon ausgeht, dass du in die Hölle kommst. Oder bist du selber auch Muslim? Denn falls sie nicht davon ausgeht, dass du als ›Ungläubiger‹ in die Hölle kommst, dann ist sie auch* keine richtige Muslimin.«

»*Wenn deine freundin wirklich muslimisch wäre, wäre sie nicht mit dir zusammen → siehe: sharia*«

»es gibt keinen gemäßigten islam. *keine moderaten moslems.«*

»Deine Freundin kann keine ›wahre muslima‹ sein, *da sie sich mit Dir abgibt.«*

So reagieren »Patrioten«, die einen »modernen Islam« und »Integration« fordern, wenn eine Muslimin mit einem Deutschen zusammen ist. Wenn sie nicht in eine »Parallelgesellschaft« abtaucht. Wenn sie nicht mit »ihresgleichen« unter sich bleibt. Entweder wird bestritten, dass so jemand überhaupt existiert. Oder ihr wird kurzerhand der Glaube aberkannt. Eine Muslimin, die mit einem Deutschen zusammen ist – unerhört!

Man dürfte annehmen, dass es für »Islamkritiker« nichts Erstrebenswerteres gäbe als eine Frau, die sich von ihrem Glauben nicht die Partnerwahl diktieren lässt. Stattdessen feinden sie sie an und bedienen sich genau der Salafistenrhetorik, die sie sonst so naserümpfend anprangern: Nur der extremistische Islam sei der wahre Islam und jede Modernisierung unzulässig. Dazu ein strenger Verweis auf die Scharia. Ganz ehrlich, Leute: *Wer* hält hier an Dogmen fest?

Dass die Realität über Muslime in Deutschland anders aussieht, wissen zum Glück viele Menschen bei uns. Vor allem die, die sie zu ihrem persönlichen Freundes- und Bekanntenkreis zählen. Es ist kein Zufall, dass die Ablehnung gegenüber Minderheiten überall dort am größten ist, wo die wenigsten von ihnen leben. In der PEGIDA-Hochburg Sachsen etwa, in der am heftigsten gegen die »Islamisierung des Abendlandes« protestiert wird, stellen Muslime kolossale 0,1 % der Bevölkerung. Einer der niedrigsten Werte in ganz Deutschland! Das ist kein schlechter Scherz, sondern die irrwitzige Lage in Sachsen: 99,9 % Nicht-Muslime und die Patrioten fühlen sich »überfremdet«. Hilfe.

Wer Muslime nicht kennt, hält eben lieber an dem Bild fest, das er von fremdenfeindlichen Internetseiten und rechtspopulistischen Parteien vorgesetzt bekommt. Deren einhellige Meinung lautet: Am Ende blieben sie ja doch nur unter sich und »einen Euro-Islam gibt es in Wirklichkeit nicht«, wie **AfD**-Vizechef Alexander Gauland im Frühjahr 2016 öffentlich zu Protokoll gab.

Ein Mensch wie meine Freundin passt einfach nicht in dieses Weltbild.[*] Wie auch? Nach dem Verständnis deutscher »Patrioten« sind letztlich alle Islam-Gläubigen Anhänger einer »Terror-Religion«. Wer die »Ungläubigen« insgeheim nicht alle mit der Kalaschnikow umballern will, ist in ihren Augen schlicht kein wahrer Muslim.

Das ist das kleine schmutzige Geheimnis der »Islamkritiker«: Muslime *können* es ihnen nicht recht machen. Sie können so modern sein, wie sie wollen. *Die deutschen Islam-Gegner akzeptieren keinen modernen Islam.* Sobald einem das klar wird, fragt man sich nicht mehr, was sie sich unter dem von ihnen geforderten »modernen Islam« eigentlich vorstellen. Sondern welchen Wert ihre Forderungen überhaupt haben.

---

[*] Mittlerweile ist sie übrigens nicht mehr meine Freundin, sondern meine Verlobte! #SoVielZeitMussSein #Upgrade #IchLiebeDich

MEDIEN

Die Mainstream-Medien belügen dich:

»Glaub keinem Journalisten: Die Lügenpresse verbreitet
nur Propaganda der Regierung!«

Es gibt viele Dinge aus der Vergangenheit, die schön
sind. Richtig, richtig schön. Die Schwarzwälder Kirsch-
torte meiner Oma. Briefmarken für 45 Cent. Jens Leh-
manns zwei gehaltene Elfmeter im Viertelfinale der
Fußball-WM 2006 gegen Argentinien. Herrlich. All diese Sachen sind großartig, aber was ich heutzutage am
meisten vermisse, ist *das Konzept, eine andere Meinung
als die eigene ertragen zu können.*

Das mag für die Jüngeren unter den Lesern geradezu
unglaublich klingen: Doch es gab eine Zeit, in der hat
man eine Zeitung, die man nicht mochte, einfach nicht
gelesen. Der pure Wahnsinn. War einem der **Spiegel** zu
links, griff man zur wirtschaftsfreundlichen **Welt**, fand
man die **taz** zu multikulti, abonnierte man **Junge Freiheit**, und war einem die **BILD** zu peinlich, las man sie

heimlich. Journalisten und Leser konnten damit leben, dass es unterschiedliche Meinungen zu unterschiedlichen Themen gibt. Als etwa Thilo Sarrazin in seinem Buch ›Deutschland schafft sich ab‹ muslimische Einwanderer als schädigenden genetischen Ballast für Deutschland darstellte, wurde das Werk von der **Süddeutschen Zeitung** als unlesbares Gewäsch geschmäht, während der **Focus** von Sarrazins Thesen so beeindruckt war, dass er ihn gar mit Martin Luther verglich.[*] Exbundespräsident Christian Wulff konnte der **F. A. Z.** bei seiner Kreditaffäre 2012 gar nicht schnell genug aus dem Amt fliegen, **Die Zeit** hingegen kritisierte seine mediale Vorverurteilung.

Man kann also behaupten, die Presselandschaft bediente ein recht weites Spektrum, und jeder hätte am Kiosk etwas nach seinem Geschmack finden können. Wie konnte es dann dazu kommen, dass heute fast jeder zweite Deutsche glaubt, unsere Medien bekämen von der Regierung vorgeschrieben, über was sie zu berichten haben? Dass behauptet wird, unsere Medien seien »gleichgeschaltet«, alles nur »Einheitsbrei« und »Propaganda«? Dass der Begriff »Lügenpresse« kürzlich gar »Wort des Jahres« wurde?

Medienwissenschaftler und Sozialforscher könnten darauf mit Sicherheit eine Vielzahl hochinteressanter und komplexer Antworten geben. Wenn ich raten müsste, würde ich aber darauf tippen, dass es unter anderem daran liegt, dass sich die etablierten Journalisten und

---

[*] Ich denk mir das übrigens nich' aus, ne. #DasStandDaWirklich #Hilfe

Redaktionen in unserem Land bei aller Vielfalt zu drei Meinungen nie durchringen konnten:

1. Die Alternative für Deutschland (**AfD**) ist super!
2. PEGIDA ist superduper!
3. Der russische Präsident Wladimir Putin ist superduperwuper!

Hui, das klingt jetzt zunächst mal nach einem ganzen Batzen auf einmal. Aber diese drei Punkte lassen sich recht schnell zu einem funktionierenden Weltbild zusammenfügen: (1) Die alten Parteien vertreten mich nicht, (2) wir Deutschen dürfen uns nicht alles gefallen lassen, (3) wir bräuchten mal wieder jemanden, der durchgreift. All diese Dinge finden sich in den oben genannten Aussagen. In der lauten **AfD**, die die politischkorrekten Berufspolitiker im Bundestag das Fürchten lehren soll; auf den PEGIDA-Demos, wo Bürger noch auf die Straße gehen, wenn ihnen etwas nicht passt, und schließlich bei Putin, der sich nicht mit langen Diskussionen aufhält, sondern einfach *macht*. Aber alle drei Akteure, **AfD**, PEGIDA und **Putin** werden von deutschen Medien ständig kritisiert, oftmals regelrecht angegriffen. Da alle drei jedoch bedeutende Symbole für die Sehnsüchte und Wünsche vieler Deutscher sind, wird diese Kritik von zahlreichen Lesern auch als Attacke auf ihre eigenen Befindlichkeiten empfunden. Entfremdung, here we go.

Lügenpresse I: Die Alternative für Deutschland (AfD)

Was hat die **AfD** eigentlich verbrochen, dass sie so oft attackiert wird? Sagt sie nicht nur das, was sowieso alle denken? So sieht sich die Partei zumindest gerne selbst: als unterdrückte Stimme des Volkes. Dass die verflixte Presse das nicht so recht einsehen will, macht die **AfD** ganz fuchsig. In der Partei nennt man Journalisten daher schon Vertreter der »Pinocchio-Presse«, weil man sich zu Unrecht in die rechte Ecke gestellt fühlt. Warum eigentlich? Was hat die **AfD** jemals getan, dass man sie als rechts abstempeln könnte?!

... nun, das ist ein bisschen, wie zu fragen, was Schweine dafür können, dass sie als dreckig gelten. Sie suhlen sich im Schlamm, und jetzt?! Ist man jetzt schon dreckig, nur weil man im Dreck ist??* So ähnlich verhält es sich mit der **AfD**. Ihre Mitglieder suhlen sich hemmungslos im braunen Sumpf, aber am Ende gucken sich alle rätselnd an, warum man sie rechts nennt. Eine Auswahl zum Umgang mit Flüchtlingen in der Partei:

♦ Die **AfD**-Parteichefin Frauke Petry fordert den Einsatz von Schusswaffen, damit sich Deutschland Flüchtlinge effektiver vom Hals halten könne.

♦ Ihre Kollegin, **AfD**-Vize-Parteichefin Beatrix von Storch, setzt noch einen drauf und verlangt, dass man

---

* Dass mir jetzt keiner kommt mit »Schweine sind ja eigentlich total reinliche Tiere«! Ja, sie suhlen sich im Dreck, um sich abzukühlen und gesund zu halten – aber es is halt immer noch Dreck, okay? #GehtMa-DuschenYa #KeinBenehmen

nicht nur männliche Flüchtlinge, sondern auch Frauen und Kinder mit Waffengewalt aus dem Land halten soll. Wobei, in dem Punkt hat sie sich mittlerweile ein bisschen bewegt. Nach einem öffentlichen Sturm der Entrüstung ruderte sie im Februar 2016 halb zurück: Ihr »Schießbefehl« soll jetzt nur noch für Frauen gelten. Der Eindruck, dass sie auch auf Kinder ballern lassen würde, ist ihr dann rückblickend wohl doch irgendwie unangenehm.

♦ … damit wiederum scheint Alexander Gauland, ebenfalls **AfD**-Vize, weniger Probleme zu haben: Die Deutschen sollten sich »nicht von Kinderaugen erpressen lassen«. Flüchtlinge und ja, auch Flüchtlingskinder, müsse man im Zweifel auch vor der Grenze sterben lassen und »die grausamen Bilder aushalten«!*

♦ René Augusti, **AfD**-Politiker in Sachsen-Anhalt, ging noch einen Schritt weiter und forderte gleich die Erschießung von **allen Deutschen**, die die aktuelle Flüchtlingspolitik unterstützen.

Man könnte nun zusätzlich eine lange Liste all der aufgeflogenen Neu-Rechten aufführen, die die **AfD** in den vergangenen Jahren bei sich aufgenommen hat, von Neonazi-Rockern wie Paul M. von der Band **Blitzkrieg** (bekannt durch allseits beliebte Evergreens wie ›Urger-

---

* Bemerkenswert auch, wie er die Deutschen sprachlich sofort in die angenehme Opferrolle schiebt. Auf einmal leiden vor allem **wir**: »Ach herrje, wie furchtbar, dass wir uns so was anschauen müssen. Schlimm, schlimm, was wir Deutschen alles aushalten müssen.« #Respekt #Starke-Leistung

manisch & Schlaggewaltig‹); über Holger Arppe, den **AfD**-Landeschef von Mecklenburg-Vorpommern, der wegen Volksverhetzung angeklagt wurde, weil er im Internet jahrelang zu Gewalt gegen Muslime aufgerufen hatte; bis hin zu Detlev Spangenberg, Mitglied des **AfD**-Fraktionsvorstandes in Sachsen, der nach dem Auftauchen entsprechender Fotobeweise erklären musste, warum er Seite an Seite mit **NPD**-Mitgliedern die Bombardierung Dresdens während des Zweiten Weltkriegs betrauert. Von solchen einzelnen Personalien abgesehen, könnte man auch darüber sprechen, wie sich **AfD** und **NPD** in der deutschen Kommunalpolitik gegenseitig unterstützen, sei es beim Geschacher um politische Ämter in Nordrhein-Westfalen oder bei Anträgen zur schnelleren Abschiebung von Flüchtlingen in Brandenburg und Mecklenburg-Vorpommern. In letzterem Bundesland verzichtete die **NPD** bei den Landtagswahlen 2016 gar auf die Aufstellung eigener Direktkandidaten, um der **AfD** zu mehr Abgeordneten zu verhelfen. Das ist ungefähr so, als würde eine Fußballmannschaft im Finale nur mit der Hälfte ihrer Spieler antreten, damit das gegnerische Team mehr Tore schießt. Eine beispiellose Annäherung, die zu denken geben sollte.

Aber all das sind Themen, die Kritiker der »Lügenpresse!!!« nicht interessieren. Die viel wichtigere Frage lautet für sie: Ist man heutzutage schon rechts, nur weil man auf Flüchtlinge schießen lassen will und mit der NPD zusammenarbeitet?

Lügenpresse II: Die Rettung aus Russland

Immerhin: Wer mit der hiesigen »Lügenpresse« nichts anfangen kann, hat in Zeiten des Internets glücklicherweise die freie Wahl. Ist das nicht wunderbar? Unbegrenzte Möglichkeiten! Dank der Segnungen der modernen Technik müssen wir uns heute nicht mehr mit dem deutschen Medienmief zufriedengeben, sondern können aus nahezu sämtlichen Nachrichtenangeboten der Welt eine überlegte Auswahl treffen. Welche Magazine halte ich für besonders glaubwürdig? Welcher Redaktion vertraue ich? Welcher Reporter wird auch mal unbequem, wo sitzen die investigativen Journalisten von heute, und bei wem werden nicht nur Schlagzeilen gepeitscht, sondern Hintergründe beleuchtet? Kurz: Wer auf dieser großen weiten Welt bietet mir die bestmögliche, seriöseste und unbefangenste Berichterstattung des Planeten?

Nun ist es keine große Überraschung, wenn ich sage, dass der gemeine Mensch nicht immer zwingend rational entscheidet. Jeder, der schon einmal spät nachts überlegt hat, dass es auf Rücksicht auf die Figur sehr viel vernünftiger wäre, einfach ins Bett zu gehen, statt die letzte Tüte Chips im Schrank zu öffnen, nur um sich wenige Minuten später mit den Fingern in der Tüte zu ertappen und sich wie der dickste Mensch der Welt zu fühlen, weiß, wovon ich rede. Doch das ist buchstäblich *nichts* gegen die Irrationalität der Entscheidung, die mittlerweile viele Deutsche hinsichtlich ihres Medienkonsums und ihrer bevorzugten Nachrichtenquellen getroffen haben.

Ich kann mir beim besten Willen nicht erklären, was viele Bundesbürger dazu treibt – aber eine Menge Leute, die von der angeblich »gesteuerten Presse« in Deutschland die Nase voll haben, suchen ihr Heil ausgerechnet in *russischen Medien*. Kein Witz: Die deutschsprachigen Ableger russischer Staatsmedien stehen bei den Feinden der Lügenpresse hoch im Kurs. Das ist eine dieser Sachen, bei denen ich nicht weiß, ob ich weinen oder lachen soll. Zuschauer, die sich über die Qualität von Nachrichten in Deutschland aufregen, steigen um auf Staatsmedien aus Russland.

Russland.

Russland.

Soll ich's noch mal sagen? R-U-S-S-L-A-N-D. Wir reden hier von den Staatsnachrichten eines Staates, den die Organisation **Reporter ohne Grenzen** auf der internationalen Rangliste der Pressefreiheit auf Platz 152 führt.* Ein Land, in dem freie Berichterstattung ungefähr so gern gesehen ist, wie der Bundesvorstand der Grünen auf einer PEGIDA-Demo. In dem Journalisten, die kritische Recherchen anstellen, regelmäßig wahlweise im Gefängnis oder unter der Erde landen.

Journalisten wie Paul Klebnikov etwa, der ehemalige Chefredakteur der russischen Ausgabe des **For-**

---

* Bevor sich jetzt die ersten Putin-Fans ereifern, was für eine US-gesteuerte und Russland-feindliche Scheißliste das bitte schön sein soll, ergänze ich, dass es die USA – die sich selbst gerne als »freiestes Land der Welt« rühmen – auf derselben Liste nur mit Mühe überhaupt unter die Top 50 schaffen (Platz 49). #Trostpreis #Teilnehmerurkunde #NächstesJahrKlapptsBestimmt

bes-Magazins. Er veröffentlichte ein Buch über die dubiosen Geschäfte von Russlands Oligarchen; 2004 wurde er in Moskau erschossen. Zwei Jahre später traf es Anna Politkowskaja. Die Reporterin wurde 2006 in einem Treppenhaus erschossen, nachdem sie russische Menschenrechtsverletzungen und Korruption im Verteidigungsministerium kritisiert hatte. 2009 wurde die Journalistin Natalja Estemirowa entführt und ebenfalls erschossen, nachdem sie über Hinrichtungen und Folter berichtet hatte. So weit nur einige der prominentesten Fälle, die Liste geht immer weiter. Dutzende Journalisten mussten in Russland bereits für ihre Berichterstattung sterben. In den 23 Jahren seit 1992 gab es im Land mit der (laut Putin-Fans) beneidenswerten Pressefreiheit nur drei Jahre, in denen – offiziell – keine Reporter ermordet wurden.* Ausgerechnet dieser Staat gilt jetzt also unter deutschen »Lügenpresse!«-Spezialisten als internationaler Vorreiter in Sachen Meinungsfreiheit. Herzlichen Glückwunsch.

An der Spitze steht dabei **RT Deutsch**. Das vom russischen Staat finanzierte Nachrichtenangebot bekam 2014 eine deutsche Version spendiert. Seitdem berichten vom Kreml bezahlte Journalisten in deutscher Sprache über die Welt aus russischer Sicht. Erst im November 2014 gestartet, übertrifft das Angebot, zumindest auf Facebook,

---

* Das »Committee to Protect Journalists«, eine Nichtregierungsorganisation, die sich für den Schutz von Journalisten einsetzt, führt seit 1992 eine erschreckend umfangreiche Liste über die weltweiten Morde an Reportern. Die meisten der in Russland getöteten Journalisten hatten kritisch über Politik und Korruption berichtet. #RIP

mit knapp 200 000 Abonnenten bereits die entsprechenden Auftritte von etablierten Medienmarken wie **ARD**, **Handelsblatt** oder **WirtschaftsWoche**. Was macht den Sender so erfolgreich?

Die wohl beste Antwort darauf lieferte, ohne es zu beabsichtigen, der MDR-Reporter Danko Handrick. Zum besseren Verständnis: Die Journalisten des MDR haben aufgrund ihrer Nähe zu Dresden die undankbare Aufgabe, immer wieder montags von den dortigen PEGIDA-Demonstrationen zu berichten. Auf diesen angespannten Veranstaltungen wurde der Begriff »Lügenpresse« nach Jahrzehnten in der historischen Versenkung gewissermaßen wieder salonfähig gemacht. Reporter Handrick hatte als Journalist (= Feind) des öffentlich-rechtlichen Rundfunks (= Oberfeind!) im Januar 2016 einen Punkt erreicht, an dem er sich mit der Kamera schon nicht mehr in die Menge traute. Zu aufgeladen war die Stimmung seitens der PEGIDA-Demonstranten geworden; zu wüst die Beschimpfungen und Bedrohungen.

Am Rande der Demo schaffte er es jedoch, zwei Teilnehmer für ein Experiment zu gewinnen. Es handelte sich um zwei Herren gehobenen Alters, Dieter und Joachim, die beide bereits seit der allerersten PEGIDA-Demo mit dabei waren. Hardcorefans der ersten Stunde, wenn man so will. Das Experiment: einen Tag mit in den Sender kommen und den MDR-Redakteuren bei der Arbeit zusehen. Die Rentner willigten ein. Nachdem sie sahen, dass sich weder Obama noch Merkel morgens in die Redaktionssitzung einschalteten, um den gesteuerten Journalisten ihre Lügen für den Tag zu überbringen, sahen sie für meine Begriffe schon ein bisschen enttäuscht aus. Das Entscheidende war aber das Welt-klasse-Statement von Rentner Dieter, ab wann er eine Berichterstattung ernst nehmen könne: *Solange es der Realität so entspricht, wie man das auch als Bürger selbst empfindet.*

Boom. Auf so einen Satz musst du erst mal kommen. Wichtig seien Berichte, wie man die Realität *empfindet.* Was man unter journalistischen Gesichtspunkten sonst so als Realität bezeichnet, also Nebensächlichkeiten wie Fakten, Belege oder Tatsachen, kann dagegen schon mal hinten anstehen. Und genau hier kommen russi-sche Staatsmedien wie **RT** und der deutsche Ableger **RT Deutsch** ins Spiel. Betrachten wir als besonderes Lehr-stück den russischen Umgang mit dem Fall »Lisa aus Berlin«.

Am 11. Januar 2016 wird die 13-jährige Lisa aus Berlin vermisst gemeldet. Der Albtraum aller Eltern: Ihre Toch-ter ist auf dem Schulweg einfach spurlos verschwunden. Die Polizei wird eingeschaltet, Plakate werden gedruckt, in den sozialen Netzwerken werden Bürger um jeden Hinweis zum Verbleib des Mädchens gebeten. Hat je-mand das Kind gesehen? Ist jemandem etwas Verdäch-tiges aufgefallen? 30 lange Stunden bleibt Lisa wie vom Erdboden verschluckt. Die Ängste und Sorgen, die ihre Familie in dieser Zeit durchleben muss, will man sich nicht ausmalen.

Einen Tag später, ein grausames Wunder: Lisa lebt. Doch sie bringt den Horror mit nach Hause. Als sie am Mittag des 12. Januars wieder auftaucht, ist ihr Gesicht zerkratzt, ihre Lippen bluten. T-Shirt und Cardigan sind verschwunden, unter der Jacke trägt sie nur noch ihren

BH. Sie weint. Was musste dieses Mädchen nur durchmachen?

Lisa erzählt der Polizei, wie sie von drei »südländisch« aussehenden Männern entführt worden sei. Man habe sie in einer Wohnung festgehalten, geschlagen und vergewaltigt. Keiner der Männer habe Deutsch gesprochen. Es ist die nur schwer erträgliche Schilderung eines Martyriums. Ihre Aussage fällt genau in den Zeitraum, in dem ganz Deutschland bereits über die sexuellen Übergriffe der Silvesternacht am Kölner Hauptbahnhof diskutiert. Selten schien die Geschichte der skrupellosen, vergewaltigenden Ausländer so glaubwürdig wie in diesen ersten Januartagen des Jahres 2016.

Im Netz verselbstständigt sich die Meldung. Flüchtlingsgegner machen sich den Fall zu eigen. Da die Erzählungen der 13-Jährigen offenbar noch nicht schrecklich genug sind, legen sie mit wenig Hemmung – dafür mit umso mehr Fantasie – aber noch eine Schippe drauf. Aus »drei Tätern«, werden »fünf«, aus »30 Stunden verschwunden« wird »30 Stunden lang von Migranten vergewaltigt«, aus »die Polizei ermittelt« wird »die Polizei verschweigt«.

Russische Medien greifen den Fall genüsslich auf. Der meistgesehene TV-Sender Russlands, der **Perwy Kanal**, berichtet von dem deutschen Mädchen, das von Migranten misshandelt wurde und jetzt von der Justiz im Stich gelassen werde. Angeblich weigere sich die deutsche Polizei, nach den Tätern zu suchen.* Flüchtlinge dürften

---

* Der Staatssender machte sich für die Bebilderung dieser angeblich unhaltbaren Zustände übrigens nicht einmal die Mühe, deutsche Poli-

in der Bundesrepublik straffrei Kinder missbrauchen, so der Tenor. Die deutschsprachigen Angebote der russischen Staatsmedien **Sputniknews** und **RT** tragen die Story weiter, berichten ihrem deutschen Publikum von einer Polizei, die eine furchtbare Kindesvergewaltigung einfach so dementiert.

In Berlin dementierte die Polizei die Tat tatsächlich. Allerdings aus Gründen, die den empörten russischen Medien leider weniger in den Kram passte: Bei ihrer Aussage hatte die 13-jährige Lisa sich derart um Kopf und Kragen geredet, dass sie den Beamten am Ende nicht weniger als vier verschiedene Versionen ihrer Geschichte präsentiert hatte. Das machte skeptisch. Nicht unbedingt glaubwürdiger wurden ihre Schilderungen, als eine rechtsmedizinische Untersuchung des Mädchens ergab, dass es zu keiner Vergewaltigung gekommen sein konnte. Nicht nur das: Keine einzige ihrer Verletzungen passte zu den von ihr beschriebenen Gräueltaten durch die »südländisch« aussehenden Vergewaltiger. Die ärztliche Beurteilung schloss aufgrund der Art ihrer Verletzungen ein Fremdverschulden aus. Eine Rekonstruktion ihrer Handydaten brachte schließlich Sicherheit: Lisa war nicht entführt worden, sondern hatte sich bei einem Bekannten versteckt. Dieser bestätigte, dass das Mädchen bei ihm übernachtet habe. Offenbar habe sie Angst gehabt, nach Hause zu gehen, weil sie Probleme in der Schule hatte und ihre Eltern

---

zisten zu filmen, sondern blendete stattdessen einfach Aufnahmen von Polizisten aus Schweden und Finnland ein. #WirdSchonKeinemAuffallen #SehenDochAlleGleichAus #yolo

darüber in Kenntnis gesetzt werden sollten. Unter der erdrückenden Last der Beweise zog die 13-Jährige am Ende selbst den Vorwurf der Vergewaltigung zurück.

Zwei Daten muss man sich nun vor Augen halten. Bereits am **18. Januar** gab die Berliner Polizei bekannt, dass es weder zu einer Entführung noch zu einer Vergewaltigung gekommen war. Der Fall war aufgeklärt, die große Lüge eines kleinen Mädchens vom Tisch. Trotzdem (!) demonstrierten fast eine ganze Woche später (!!), am **23. Januar**, rund 700 Menschen vor dem Bundeskanzleramt gegen die Polizei. Die aufgebrachte Menge forderte mehr Sicherheit für Kinder und Frauen vor den gefährlichen Vergewaltigungs-Migranten und stellte auf – Achtung, Warnfarben! – schwarz-gelb gefärbten Protestplakaten klar: *Wir schweigen nicht.*

Nun ist der Schutz von Frauen und Kindern grundsätzlich ein vorbildliches Unterfangen. Passender für besagtes Plakatmotto wäre dennoch gewesen: *Wir **lesen** nicht.* Man führe sich die Absurdität dieses Schauspiels vor Augen: Hunderte Menschen gehen vorm Kanzleramt gegen eine Vergewaltigung demonstrieren, die nicht stattgefunden hat, und werfen der Polizei Versagen vor in einem Fall, den sie bereits vor 'ner Woche aufgeklärt hat. Das ist dann gern auch mal der Schlag Leute, die einem erzählen, man müsse sich mal »umfassender informieren«. Gute Idee, nach Ihnen bitte. Unfassbar.

Doch nicht nur die Demonstranten in Berlin hielten an der schaurigen Geschichte der Kindesvergewaltigung fest. Auch die russischen Staatsmedien blieben trotz konträrer Faktenlage und eindeutiger Klarstellung der deutschen Polizei ihrer eigenen, gruseligen Version treu. Nach öffentlicher Kritik aus Deutschland beschwerte sich gar die Sprecherin des russischen Außenministeriums, Maria Sacharowa, dass es eine regelrechte »Jagd auf russische Journalisten« gebe. Die falsche Berichterstattung sei eben »Meinungsfreiheit«.

Mit dieser Haltung, Nachrichten zugunsten der russischen Propaganda aus einer teilweise fast schon spiegelverkehrten Perspektive wiederzugeben, kokettiert **RT Deutsch** sogar offiziell. Die deutsche Version des russischen Staatsfernsehens erklärt ihren journalistischen Anspruch so: »Unser Leitbild lautet diesbezüglich: Wir zeigen nicht das ganze Bild, aber dafür den fehlenden Teil. Also genau jenen Part, der sonst verschwiegen oder weggeschnitten wird.« In vielen Fällen ist das so ungefähr der Part, den man deshalb rausschneidet, weil er völliger Unfug oder grob irreführend ist. Diese offene und ehrliche Unterscheidung des Senders selbst ist sehr wichtig und sollte sich von allen **RT-Deutsch**-Zuschauern stets in Erinnerung gerufen werden: Der Sender informiert nicht umfassend. Er selbst hat nicht einmal das Ziel, das zu tun. Er bietet stattdessen eine Plattform für Geschichten und Meinungen, deren faktische Unhaltbarkeit im Zweifel mit dem simplen Schlagwort *Meinungsfreiheit* gerechtfertigt wird. Das 13-jährige Mädchen wurde gar nicht vergewaltigt? Egal, trotzdem schlimm.

Auf diese Weise kommen die russischen Staatsmedien der *empfundenen Realität*, die für PEGIDA-Demonstranten und Wutbürger so wichtig ist, beneidenswert nahe. Die ollen deutschen Medien, allen voran der öffentlich-rechtliche »Propaganda-Apparat«, berichten im Vergleich nur wirtschafts- und regierungsfreundliche Scheiße. Konzerne werden verhätschelt, wo es nur geht, deutsche Volksvertreter und die Großmacht USA nur mit dem Samthandschuh angefasst. Nur einige Beispiele: Das **NDR**-Magazin »Panorama« veröffentlichte 2006 die Namen von CIA-Mitarbeitern, die an der Entführung und Folterung unschuldiger Menschen im Rahmen des »Kriegs gegen den Terror« beteiligt waren. 2010 dokumentierte die **ARD**-Produktion »Schmutzige Schokolade«, wie multinationale Lebensmittelkonzerne wie **Mars** und **Nestlé** in Kinderarbeit und Menschenhandel in Westafrika verstrickt sind. Das weltweit erste Fernseh-Interview mit Edward Snowden – nach seinen Enthüllungen über die nahezu grenzenlose Überwachung durch US-amerikanische Geheimdienste – konnte man 2014 in der **ARD** sehen. Von den zahlreichen Rücktritten deutscher Politiker aufgrund des medialen Drucks, vom Dienstwagen-Missbrauch bis zur Doktor-Fälschung, ganz zu schweigen. Deutsche Spitzenpolitiker, allen voran Bundeskanzlerin Angela Merkel und Vize-Kanzler Sigmar Gabriel, werden von den Kommentatoren der deutschen Tages- und Wochenzeitungen regelmäßig in der Luft zerrissen. Das Problem ist nur: Um das zu bemerken, müsste man die Zeitungen halt auch mal *lesen.** Die russischen Medien sind ein schlechter Witz

---

* Viel verlangt, ich weiß. Das Nachblöken dumpfer PEGIDA-Parolen auf dem Dresdener Opernplatz ist zugegebenermaßen um einiges geselliger, als tatsächlich mal eine deutsche Zeitung in die Hand zu nehmen. #SoVieleBuchstaben #IgittIgitt #ÜberanstrengtEuchNicht

dagegen. Für diejenigen, die an dieser Stelle verächt-
lich die Nase rümpfen, empfehle ich einen ganz einfachen Selbstversuch: Probiert doch einfach mal, bei **RT**
einen kritischen Bericht zu Putin zu finden. Viel Spaß.

Wer ernsthaft behauptet, die deutschen Medien übten
keine Kritik an Politikern und Konzernen, wird für diese
Äußerung entweder bezahlt oder ist schlicht ein Idiot.
Mit dieser Tatsache muss man sich als »Lügenpresse«
brüllender Wutbürger abfinden. Wenn du nicht clever
genug bist, beruflich vor einer **RT**-Kamera zu stehen, um
die Sorgen verunsicherter Bürger in russlandfreundliche
Bahnen zu lenken, bist du einfach nur der Volltrottel, der
vorm Bildschirm den entstellten Informationsunfall kon-
sumiert, den die russischen Medien dir vorsetzen. Es
gibt einen Grund, warum die deutschen Medien ständig Merkel kritisieren, aber die russischen Medien kaum
Putin – und der Grund dafür ist nicht, dass Putin nie etwas falsch machen würde.

Lügenpresse III: Der unfehlbare Putin

Wer einen Eindruck davon möchte, wie man bei **RT** mit
Kritik am Staatsoberhaupt umgeht, braucht sich nur anzusehen, wie der Sender auf Vorwürfe ausländischer
Journalisten reagiert. Die britische **BBC** veröffentlichte
Anfang 2016 eine Dokumentation, die der Frage nach-
ging, wie wohlhabend der russische Präsident tatsächlich sei und ob Korruption bei der Anhäufung seines Pri-
vatvermögens eine Rolle gespielt habe.

Zum besseren Verständnis, warum diese Frage die Reporter überhaupt umtrieb: Putins offizielles Einkommen wird vom Kreml mit 90 000 Euro jährlich angegeben. Nicht einmal der glühendste Putin-Fan dürfte ernsthaft glauben, dass diese Angabe stimmt. Es ist kaum anzunehmen, dass der Präsident Russlands, eines der rohstoffreichsten Länder der Welt, weniger als die Hälfte von dem verdient, was etwa der Regierungschef von Sachsen erhält.* Die Dokumentation förderte Brisantes zutage: Der russische Multimilliardär Roman Abramowitsch habe Putin über mehrere Scheinfirmen mehr als 200 Millionen Dollar überwiesen. Über geheime Anteile sei Putin zudem an den riesigen Gewinnen russischer Energiekonzerne beteiligt. Die Journalisten sprachen mit Zeugen, Beteiligten und Ermittlern, die allesamt schwere Vorwürfe gegen den Staatschef erhoben.

Die Reaktion von **RT**: Die Dokumentation sei nicht ernst zu nehmen, weil der Sprecher des Films den Namen »Wladimir Putin« seltsam ausspreche. Außerdem sei die Musik komisch. Kein Bezug zum Inhalt, keine Auseinandersetzung mit der Recherche. So sieht kritischer Journalismus im russischen Staatsfernsehen aus: Die Musik ist blöd.

Fast noch bezeichnender waren die Reaktionen aus den Reihen der »Lügenpresse«-Schreier: null. Keine Regung, was die Anschuldigungen dem russischen

---

* Das Jahresgehalt des sächsischen Ministerpräsidenten Stanislaw Tillich (CDU) liegt bei rund 200 000 Euro. Sollten die offiziellen Angaben zu Putins Einkommen aus dem Kreml stimmen, würden darüber hinaus selbst einfache Bundestagsabgeordnete mit über 100 000 Euro im Jahr deutlich mehr verdienen als der russische Präsident, was absurd ist.

Präsidenten gegenüber angeht. Leute, die sonst beim kleinsten Obama/Merkel/EU-Gerücht aus jedem noch so unbekannten Blog an die Decke gehen, zuckten mit den Schultern und setzten bei den **BBC**-Recherchen einfach komplett aus. Irgendwo verständlich, immerhin war laut **RT** ja die Musik blöd. Aber man stelle sich bitte einen Moment vor, die Reporter hätten nicht Putin beschuldigt, sondern Merkel – dass die Bundeskanzlerin Hunderte Millionen Euro von deutschen Spitzenmanagern erhalten habe. Die Köpfe der PEGIDA-Demonstranten wären explodiert! Bei uns müssen Politiker um ihr Amt fürchten, wenn sie dienstlich gesammelte Bonusmeilen für einen privaten Flug nutzen. Kann irgendjemand erahnen, welch ein Beben eine solche Behauptung ausgelöst hätte, wenn Vorwürfe in diesem Maßstab einem deutschen Politiker gegolten hätten? Der mediale Ausnahmezustand hätte geherrscht. Bei Putin jedoch: »Pff, Lügenpresse. Juckt mich nich.«

Diese »Die lügen doch eh«-Haltung ist absolut im Interesse der russischen Medienlenker. Im Kreml hat man sehr genau mitverfolgt, wie die Macht sozialer Medien und freier Kommunikation die herrschende Elite unter Druck setzen und sogar hinwegfegen kann. 2011 trieb der Arabische Frühling die Machthaber in Tunesien, Ägypten, Libyen und dem Jemen aus dem Amt. Aus Wut über korrupte Politiker und soziale Ungerechtigkeit schlossen sich Millionen Menschen zum erbitterten Protest zusammen. Das Internet spielte dabei als Informationsmedium eine bedeutende Rolle. Blogs kritisierten öffentlich die herrschende Klasse, über Facebook organisierten sich Demonstranten und via YouTube verbreiteten sich Bilder vom erfolgreichen Kampf gegen die Unterdrückung. Bilder, die man nicht vergisst. Auch nicht in Moskau.

Ein Jahr nach Ausbruch der Proteste in der arabischen Welt startete Putin die Totalüberwachung und Zensur des Internets in Russland. Eine schwarze Liste wurde eingeführt, mit Internetseiten, auf die russische Internetnutzer nicht mehr zugreifen dürfen. Der russische Staat sperrt seinen Bürgern den Zugang zu Regierungskritikern. In einer späteren Verschärfung der Maßnahmen wurden selbst Blogger gesetzlich dazu verpflichtet, kritische Äußerungen in ihren Kommentarbereichen zu löschen. Laut dem russischen Journalisten Andrej Soldatow[*] ist Russland heute führend bei der Internetzensur – sogar noch vor China. **Human Rights Watch** beklagt, Russland versuche im Netz »jede Art von Kritik an der Regierung zu verhindern«.

Der ein oder andere »Lügenpresse!«-Schreihals in Deutschland, der seinem Bundestagsabgeordneten bequem jede noch so menschenfeindliche Beleidigung auf die Facebook-Seite posten kann, wird sich an dieser Stelle fragen: Warum in aller Welt sollte das der russische Staat überhaupt nötig haben? Ist Putin nicht der beste Regierungschef der Welt? Alle lieben ihn doch!

Bleiben wir zum Spaß bei den nackten Zahlen. Seit

---

[*] Soldatow schrieb unter anderem für **Nowaja Gaseta**; die russische Zeitung ist weltbekannt für ihre investigativen und regierungskritischen Berichte. Seit dem Jahr 2000 wurden immer wieder Mitarbeiter des Blattes ermordet.

Putin 2012 erneut das Amt des Präsidenten übernahm*, hat sich die Inflationsrate im Land verdreifacht, das Bruttoinlandsprodukt halbiert, die Staatsverschuldung verdoppelt, und die Arbeitslosigkeit stieg auf den höchsten Stand seit seiner Ernennung. Mit anderen Worten, seit Putin wieder übernommen hat, ist das Geld weniger wert, Tausende verlieren ihre Jobs und die Schulden häufen sich zu immer größeren Bergen an. Mehr als drei Millionen Russen rutschten allein 2014 in die Armut, d. h. sie müssen ihren Lebensunterhalt von weniger als 157 Euro im Monat bestreiten. Insgesamt leben heute 23 Millionen Bürger in Russland unterhalb der Armutsgrenze – das ist mehr als die komplette Bevölkerung von Schweden, Dänemark, Kroatien, Irland und Litauen *zusammen*. Eine recht große Gruppe also, die unter Putin von der Hand in den Mund lebt. Aber dafür können sie sich im Staatsfernsehen ansehen, wie ihr Präsident ohne Sicherheitshelm in ein Leopardengehege geht, einfach so, wuuuu-huuuu, voll COOL, ya ♥ ♥ ♥!!!!!**

---

* Das Amt hatte er zum ersten Mal bereits von 2000 bis 2008 inne, aufgrund der russischen Verfassung war eine umgehende dritte Amtsperiode damals nicht möglich. Nach vier Jahren als Ministerpräsident kehrte er 2012 ins Amt zurück. #ReturnOfTheMack #DankeFürsPlatzFreihaltenDmitri

** So geschehen bei einem Pressetermin 2014 kurz vor Beginn der Olympischen Winterspiele in Sotschi. Zu den weiteren Highlights von Putins Medienshow gehören, wie er beim Tauchen im Asow'schen Meer zufällig versunkene Schätze birgt oder wie er bei einem Trip im Wald einen ausgebüxten Tiger wieder einfängt. Die Leute, die schon »PROPAGANDA!!« rufen, wenn Merkel zur Einweihung eines Tierparkgeheges einen Pinguin füttert, finden an solchen Bildern erstaunlicherweise überhaupt nichts Merkwürdiges. #DerSchatzLagDaHaltSoRumOk

Das ist Russland unter Putin. Das ist der »starke Mann«, den sich hierzulande so viele wünschen. Ein Typ, unter dem Millionen Russen ein Dasein in Armut fristen, während die Öl- und Gas-Milliardäre ihre gewaltigen Einnahmen in Offshore-Firmen außer Landes schaffen. Die soziale Schere geht in Russland immer weiter auseinander – und die russische Führung weiß das. Millionen Bürger in Armut, die langsam merken, dass sie nicht zu den Gewinnern des neuen, starken Russlands gehören. Die Elite bleibt, einmal mehr, unter sich.

Die soziale Ungerechtigkeit in Russland ist beispiellos. Zum Vergleich: In Deutschland besitzt ein Prozent der Bevölkerung, die reichste Spitze der Gesellschaft, ein Drittel des gesamten Vermögens. Damit sind wir Deutschen Europameister. In keinem anderen europäischen Land ist der Reichtum ungleicher verteilt als bei uns. Doch über solche Zustände kann man in Russland nicht einmal mehr lachen. Auf ein Drittel des nationalen Vermögens kommt dort nämlich nicht das reichste *eine* Prozent, sondern unvorstellbare *0,00008* Prozent. Nur etwa 100 Menschen teilen sich im riesigen Russland 35 % des gesamten Vermögens. Man bedenke: Mit mehr als 140 Millionen Einwohnern ist die russische Bevölkerung auch noch fast doppelt so groß wie die deutsche. Das Ausmaß an Ungerechtigkeit ist kaum fassbar. Es ist bei näherer Betrachtung also wenig verwunderlich, warum für Putin die Kontrolle der Medien so wichtig ist. Die Diskussion über derlei Ungerechtigkeiten –

#WasSollBitteUngewöhnlichDaranSeinWennEinPolitikerHalbtagsTiger JagenGeht #NormalerMove

und wer dafür verantwortlich ist – sollte am besten im Keim erstickt werden. Mit einer immer größer werdenden Kluft zwischen Arm und Reich sowie massiver Korruption ist auch in Teilen der russischen Bevölkerung die Grundlage für einen Sturm der Entrüstung gelegt. Je größer die Ungleichheit wird, desto härter werden der Griff um die Medien und die Zensur des Internets. Putin wird wissen, warum.

Aber er ist auch ein Mann, der weiß, dass sich viele Menschen mehr für die Form als den Inhalt interessieren. Der sich darüber im Klaren ist, dass seinen Anhängern (in Russland, aber fast noch stärker im Ausland) Posen wichtiger sind als Ergebnisse. Die Staatsschulden können ruhig weiter steigen. Aufs Doppelte, Dreifache, wen kümmert es schon? Der Großteil westlicher Industrienationen steht in diesem Feld noch schlechter da, und die tatsächliche Bedeutung all der abstrakten Milliardenbeträge kann sich irgendwann doch eh niemand mehr vorstellen. Aber ein kerniger Spruch hier, eine aufregende Fotostory dort – es geht um die überzeugende Darstellung eines unbeirrbaren Anführers. Eines Mannes des Volkes, der sich den korrupten Eliten dieser Welt selbstbewusst entgegenstellt.* Ein Fels

---

* Dieses »Putin = Ehrenmann« / »Er legt sich mit den Korrupten an!«-Gefasel ist fast noch der größte Witz der Putin-Fans. **Transparency International** listet Russland in seinem viel beachteten Korruptionsindex erst auf einem abgeschlagenen Platz 136. Putin ist der Präsident eines der korruptesten Länder der Welt; einer Nation, in der unanständig enge Bande zwischen Politik und Wirtschaft selbstverständlich sind. Die deutsche Wikipedia führt im Eintrag zu Wladimir Putin die missverständliche Beschreibung: »Es gelang Putin, die eigenständige politische

der Integrität in einer verlogenen Welt abgehobener Politiker.

Das ist jedenfalls die Geschichte, die Russland erzählt, und sie funktioniert deshalb so hervorragend, weil die Dämlichkeit unserer eigenen Politiker ihr so wunderbar in die Hände spielt. Wer sich über einen längeren Zeitraum eingehend und umfassend über die Zustände informiert, die wir in Deutschland haben, wird irgendwann zwangsläufig zu dem Schluss kommen, dass wir nicht alle Tassen im Schrank haben. Die Kurzsichtigkeit vieler von der Bundesregierung getroffener Entscheidungen ist zum Verzweifeln; die Peinlichkeit weiter Teile des politischen Personals treibt einem die Schamesröte ins Gesicht. Wer einmal gesehen hat, wie sich deutsche Volksvertreter auf dem internationalen Parkett allein durch ihre dürftigen Englischkenntnisse blamieren,*

Macht einiger zuvor sehr einflussreicher Unternehmer (›Oligarchen‹) zu brechen.« Das klingt zuckersüß und sehr bürgernah, allerdings sollte man hinzufügen, dass es eben nicht nur »Unternehmer«, sondern auch »**Medien**unternehmer« waren – Besitzer von Fernsehstationen und Zeitungen, die sich nicht kontrollieren lassen wollten. Putin hat nicht dem Volk zuliebe ihren Einfluss zurückgedrängt, er hat Kritiker beseitigt und Medien gleichgeschaltet. Seit Putin das erste Mal Präsident wurde, hat sich zudem die Anzahl der Milliardäre in Russland von gerade einmal acht im Jahr 2000 auf weit über 100 (!) im Jahr 2013 mehr als verzehnfacht. Dass ausgerechnet Putin von seinen Anhängern zum Schrecken korrupter Eliten und Superreicher hochstilisiert wird, ist an Zynismus kaum noch zu überbieten. #WasKommtAlsNächstes #AlsWürdeMcDonaldsSeinLogoGrünFärbenUndAufGesundMachen #MomentMal ...

* Legendär die Totalausfälle »the Aufschwung is da« von Guido Westerwelle (FDP) gegenüber einem britischen Journalisten und »50 percent of business is psücholodschie« von Günther Oettinger (CDU) während einer englischsprachigen Rede in Berlin.

wird anerkennend die Augenbrauen heben, wenn er Wladimir Putin bei einer Rede nahezu fehlerfrei Deutsch sprechen hört. Wer Merkels traurige Urlaubsfotos kennt, wie sie in wenig schmeichelnder Funktionskleidung durch verregnete Straßen spaziert, wird begeistert die Aufnahmen von Action-Putin aufsaugen, der im Urlaub zur Jagd mit dem Gewehr durch die Wildnis Sibiriens zieht – Oberkörper frei, versteht sich. Und auch Putins Gespür für den Umgang mit Journalisten – die er vor der Kamera gern auch mal auslacht oder zurechtweist – wirkt im direkten Vergleich um Längen souveräner als die Schockstarre deutscher Parlamentarier, die vor den Kameras von Satiresendungen wie der **heute show** oder **extra 3** nicht mal erklären können, welche Seite Deutschland im Syrienkonflikt eigentlich unterstützt.

Machen wir uns also nichts vor und geben zu, dass Putin auf jeden Fall *cooler* ist als deutsche Politiker. Das macht jedoch weder seine Handlungen als Präsident besser noch die Berichterstattung der russischen Staatsmedien freier. Mich persönlich erschreckt daher die scheinbar bedingungslose Begeisterung, die Putin bei vielen Deutschen auslöst: Wer bei massenhafter Unterdrückung und Zensur ein Auge zudrückt, weil ihm der dafür verantwortliche Mann so sympathisch ist, hat ein ernsthaftes Problem mit der Gewichtung seiner Prioritäten.

Lügenpresse IV: Wir sind das Volk

Um Logik geht es bei der Diskussion um eine angebliche »Lügenpresse« schon lange nicht mehr. Eine legendäre Studie aus dem Herbst 2015 gibt mir in dieser Hinsicht immer wieder zu denken. Das Forschungsinstitut **infratest dimap** wollte herausfinden, welchen Medien die Bürger heute noch das meiste Vertrauen entgegenbringen. Ihre Untersuchung förderte Erstaunliches zutage: Rund 80 % der Deutschen sind der Meinung, dass das öffentlich-rechtliche Radio die glaubwürdigste Nachrichtenquelle in unserem Land ist. Das Internet liegt weit abgeschlagen am Ende der Liste – es wird als so unseriös angesehen, dass dahinter nur noch die **BILD**-Zeitung kommt.* So weit, so gut. Der Hammer kommt allerdings jetzt: Nur magere 8 (!) % der Deutschen nennen das öffentlich-rechtliche Radio – also das *von ihnen selbst* als am glaubwürdigsten empfundene Medium – auch als ihre tatsächlich bevorzugte Nachrichtenquelle.

… nein, ihr habt euch nicht verlesen. Noch einmal: **80 %** sagen: *Das ist das beste Medium!*, nur **8 %** nutzen es auch am liebsten. Doch es kommt noch dicker: Das Internet, in Sachen Seriosität eben noch am Ende der Liste, überflügelt in der tatsächlichen Nutzung plötzlich das

---

* Den letzten Platz in Sachen Glaubwürdigkeit teilt sich das Blatt mit dem Rest der deutschen Boulevardpresse. Selbst die Inhalte privater TV-Sender schneiden im direkten Vergleich zum Internet besser ab: Die Deutschen vertrauen dem Netz also noch weniger als den RTL2 News oder Juwelo TV. So ein Level musst du erst mal erreichen. #ReifeLeistung

öffentlich-rechtliche Radio bei Weitem. Mehr als doppelt so viele Deutsche informieren sich über das politische Geschehen lieber im Internet – dem Medium, dem sie selbst die geringere Glaubwürdigkeit attestieren.

Damit es zu keinen Missverständnissen kommt: Es ging in der Studie ausdrücklich nicht darum, ob den Teilnehmern Radio hören mehr Spaß macht als Spiele im Internet zu spielen oder online mit Freunden zu chatten. Es ging einzig um die Frage, **aus welchen Medien die Befragten sich hauptsächlich über das politische Geschehen informieren.** Die nach eigener Aussage glaubwürdigste Quelle wird links liegen gelassen, um eine der unglaubwürdigsten zu konsumieren. Das sind auch keine anderen Leute, die diese gegensätzlichen Angaben machen, das sind *ein und dieselben Studienteilnehmer.* Keine weiteren Fragen.

Noch irrsinniger wird es nur bei der zunehmenden Gewaltbereitschaft gegenüber Journalisten. »Lügenpresse auf die Fresse!« hat sich als beliebter Schlachtruf etabliert. Besonders im Umfeld von PEGIDA rennt man mit Forderungen nach Angriffen auf Reporter offene Türen ein. Bei einer Demonstration von LEGIDA (so nennt sich der Leipziger Ableger von PEGIDA) rief die rechtspopulistische Aktivistin Tatjana Festerling der Menge zu, dass man Volksverräter »aus den Pressehäusern prügeln« solle. Auf derselben Demo wurde später einer Journalistin des **MDR** ins Gesicht geschlagen, als sie versuchte, Fotos zu schießen. Das absurde Verhältnis der Wutbürger zur Presse brachte Britta Hilpert, Vorstand bei **Reporter ohne Grenzen**, wenige Tage nach diesem Vorfall bei einer Anhörung im Bundestag auf den Punkt:

»In was für einem Land leben wir, wo eine Demonstration, eine öffentliche Darstellung von Meinungen, eine Situation der Gefahr für Journalisten ist? Ich meine, wozu geht man auf die Straße und demonstriert, wenn man nicht will, dass diese Meinung auch publik wird? Das ist doch total widersinnig!«

Es sollte eigentlich traurig genug sein, dass Deutschland mittlerweile überhaupt ein Thema für **Reporter ohne Grenzen** ist, die sich sonst mit der Unterdrückung der Pressefreiheit in Diktaturen wie Saudi-Arabien oder Nordkorea beschäftigen. Das Groteske an der Situation in der Bundesrepublik ist jedoch, dass die Presse hier nicht von der *Regierung*, sondern von der *Bevölkerung* eingeschränkt wird.

Das ist bei Weitem nicht so lustig, wie es im ersten Moment vielleicht klingen mag. Der **Deutsche Journalisten-Verband** schlägt bereits Alarm, dass in Deutschland zunehmend ein Klima der Angst erzeugt wird. Über leere Drohungen ist man dabei schon längst hinaus. Im Folgenden nur einige der jüngeren Beispiele:

♦ **9. März 2015:** Der Reporter Marcus Arndt (u. a. **NDR, ARD**) wird nach einer Demonstration von Rechtsextremisten von vermummten Angreifern in der Dortmunder Innenstadt bedroht und mit Steinwürfen attackiert; der Angriff endet für den Journalisten im Krankenhaus.

♦ **31. Oktober 2015:** Der Kolumnist Helmut Schümann wird in Berlin auf offener Straße als »linke Drecksau« beschimpft und niedergeschlagen, nachdem er im **Tagesspiegel** Position gegen die **AfD** und PEGIDA bezogen hat.

- **9. Januar 2016:** Journalisten in Köln werden von PE-GIDA-Demonstranten mit Glasflaschen angegriffen, ein Pressevertreter muss vom Notarzt ins Krankenhaus gebracht werden.
- **27. Januar 2016:** Auf einer **AfD**-Kundgebung in Magdeburg werden Mitarbeiter von **MDR** und **ZDF** mit Pfefferspray und Reizgas attackiert. *

Ich will die Liste nicht endlos in die Länge ziehen, denn zum einen macht sie ziemlich traurig, zum anderen ist ihre Botschaft eindeutig: Diese (und erschreckend viele weitere Fälle) zeigen, dass die »Lügenpresse!«-Rufe nicht ohne Folgen bleiben. Sie decken vor allem auf, was sich die selbst ernannten Kämpfer für die Meinungsfreiheit darunter eigentlich vorstellen: Meinungsfreiheit bedeutet für sie, dass *ihre* Meinung nicht kritisiert werden darf. Den anderen hingegen, denen darf man alles an den Kopf werfen: »Schmierfinken«, »Volksschädlinge«, »Hochverräter«. Die Kommentarbereiche der Facebook-Seiten großer Medienmarken wie **Spiegel**, **Focus** oder **Süddeutsche Zeitung** sind voll von Beleidigungen und Bedrohungen der Redakteure. Aber wehe, jemand nennt Leute, die politische Gegner umbringen lassen

---

* Erneut die verdrehte Logik der Wutbürger: Menno, die »Lügenpresse« zeigt im Fernsehen nie das, was **ich** zu sagen habe! Oh, aber wehe, jemand kommt und filmt mich. ATTACKEEEE!! #Frechheit #WasErlaubenDieSich

wollen, »rechts«.* Oder, noch schlimmer, überprüft ihre Aussagen. Sind Ausländer tatsächlich häufiger straffällig? Ist die Kriminalität in Deutschland durch Flüchtlinge wirklich gestiegen? Wer es wagt, den Behauptungen der Wutbürger mit Fakten und Recherche zu begegnen, bekommt im Zweifel schneller eine Faust verpasst, als das PEGIDA-Orga-Team »friedlicher Protest« sagen kann.

Ich spreche hierbei auch aus eigener Erfahrung. Durch meine Arbeit in den sozialen Netzwerken, bei der ich mich regelmäßig mit der Hetze und den Lügen von Rechtspopulisten auseinandersetze, ziehe ich immer wieder den Zorn der Szene auf mich. Das Niveau des Feedbacks ist unterirdisch. Ich kann nicht einmal mehr zählen, wie viele Gewalt- und Morddrohungen ich erhalte. Ich rede mir gerne ein, dass die neue deutsche Hemmungslosigkeit – die sich nicht nur bei mir, sondern überall im Netz zeigt – an der Anonymität des Internets liegt. Aber ich glaube, es steckt mehr dahinter. Unsere Heimat scheint sich tatsächlich und nachhaltig zu verändern. Wir erleben in Deutschland eine kulturelle Zeitenwende, die so gravierend ist, dass wir Gewalt und Hetze nicht nur als Teil unseres Alltags zu akzeptieren scheinen, sondern sie bei Teilen der Wählerschaft gar als probates Mittel der Bürgerbeteiligung wahrgenommen werden. Ein PEGIDA-Anhänger etwa bezeichnete im Interview mit der **Welt** das Anzünden von Flücht-

---

* PEGIDA-Gründer Lutz Bachmann, der sich regelmäßig darüber beschwert, dass er in die rechte Ecke gestellt werde, forderte unter anderem, dass die Grünen »standrechtlich erschossen« werden sollten. #WasSollDaranBitteSeltsamSein #ÜblichÜblich #SicherDigger

lingsheimen allen Ernstes als »direkte Demokratie«. Viel mehr kann eine Gesellschaft nicht mehr verrohen.

Den »Lügenpresse«-Schreihälsen geht es nicht um Meinungs*freiheit*, sondern um Meinungs*einheit*. In ihrem simplen Schwarz-Weiß-Denken können sie nicht begreifen, dass man zu einem Thema unterschiedlicher Meinung sein könnte. Jeder, der ihren eigenen Anschauungen widerspricht, ist ein Feind, den es zu bekämpfen gilt. *Wer nicht für mich ist, ist gegen mich* – mit der Flucht in diese brutal veraltete Geisteshaltung rechtfertigen sie ihre Angriffe auf Journalisten und Andersdenkende.

Vor einigen Jahren war diese Mentalität noch Extremisten und Radikalen vorbehalten. Der Hass war noch nicht bis in die Mitte der Gesellschaft vorgedrungen. Andere Meinungen galten nicht automatisch als vorsätzlicher Betrug, den es mit Mord und Totschlag zu verfolgen galt, sondern als das, was sie waren: *andere Meinungen*.

Ich vermisse diese Zeit.

Die Rundfunkeintreiber belügen dich:

»Der Rundfunkbeitrag ist illegal! Mit ein paar Tricks
muss man ihn außerdem gar nicht zahlen!«

Einigkeit und Recht und Freiheit. So lautet der Wahl-
spruch der Bundesrepublik Deutschland. Und wenn
bei uns über eine Sache Einigkeit herrscht, dann darüber, dass wir endlich das Recht verdienen, vom leidi-
gen Rundfunkbeitrag befreit zu werden. Kaum etwas
schlägt dem deutschen Gemüt derart auf den Magen
wie die 17,50 Euro, die Monat für Monat an den ver-
hassten »ARD ZDF Deutschlandradio Beitragsservice«
abgedrückt werden müssen.

Beitragsservice: Allein der Name macht aggressiv. Die
frühere Bezeichnung Gebühreneinzugszentrale, die bis
2013 gültig war, erlaubte immerhin noch die schnitti-
ge Abkürzung GEZ. Sie klang nicht nur schön hart und
ungerecht, sondern gab auch noch muntere Wortspiele wie abGEZockt und aufGEZwungen her. Aber »Beitragsservice«? Schwierig. Das klingt so gewollt neutral
und einschläfernd, dass Gegner des Rundfunkbeitrages
bis heute lieber von GEZ sprechen, um sich der ableh-
nenden Aufmerksamkeit ihres Publikums sicher zu sein.

Aber Wortspiele hin oder her. Ich glaube fest daran:

Würden wir Deutschen bei einem Volksentscheid vor die Wahl gestellt, *entweder* die Hartz-IV-Reformen rückgängig zu machen *oder* den Rundfunkbeitrag abzuschaffen – die Entscheidung würden wir in der **ARD** nicht mehr sehen können. Der Stecker bei den Öffentlich-Rechtlichen würde wohl schneller gezogen, als Markus Lanz »Wetten, dass?« sagen kann.

Der Ärger darüber, unablässig für den Empfang von Angeboten zahlen zu müssen, die man unter Umständen nicht einmal in Anspruch nimmt, ist nachvollziehbar. Aber warum, in drei Teufels Namen, bezahlen wir die nervige Gebühr überhaupt? Klar, mediale Grundversorgung und so. Das ist immer der erste Grund, den man hört. Die privaten Sender allein würden nicht genug Information bieten und mit der ›Tagesschau‹, na, da wisse man zumindest, woran man sei. Da macht's jeden Abend 20 Uhr »Gong!« und der Abend hat Struktur. Doch, Moment – wenn die öffentlich-rechtlichen Sender so eine verdammt wichtige Säule unserer Gesellschaft sind: Weshalb finanziert man den ganzen Quark nicht direkt aus den Steuereinnahmen? Warum der Umweg über die Rundfunkgebühr?

Die Gegner des Rundfunkbeitrages bringen genau diesen »Umweg« immer wieder als Argument gegen die ungeliebten Gebühren vor. Wenn es schon von den Bürgern bezahlte Medien gibt, dann soll sich doch gefälligst der doofe Staat selbst drum kümmern. Bei den riesigen Summen, die im Berliner Regierungsviertel jongliert werden! Da werden die Herren und Damen Volksvertreter doch auch mal imstande sein, neben Kriegsgerät und Bankenrettung den eigenen Rundfunk zu stemmen, statt von jedem Bürger einzeln eine Gebühr einzutreiben. Was für ein irrer Aufwand!

Ironischerweise wird, aus der Perspektive ihrer Kritiker, für **ARD** und **ZDF** genau das zur Achillesferse, was ursprünglich ihre Stärke sein sollte: dass ihre Finanzierung nicht mithilfe von *Steuer-Mitteln* erfolgt, sondern durch *Gebühren*. Diese Unterscheidung mag zunächst marginal scheinen, doch sie ist von grundlegender Bedeutung. Statt als ödes Steuer-Money relativ unspektakulär in irgendwelchen Zahlenkolonnen eines Bundestag-Finanzplans unterzutauchen, landet die Belastung für den Bürger durch den Rundfunkbeitrag jeden Monat mit fettem Minus auf dem eigenen Kontoauszug.

Zugegeben, nicht der beste Weg, Sympathien zu sammeln. Doch genau dieses System wurde einst erdacht, um die Öffentlich-Rechtlichen unabhängig zu machen. Damit man sich darüber von vornherein im Klaren ist: Der Bundestag und die Bundesregierung sehen überhaupt nichts von diesem Geld, und das ist auch gut so. Obwohl sie im alltäglichen Sprachgebrauch gern als *Staatsmedien* tituliert werden, sollen sie per Definition (als Teil der Vierten Gewalt) genau das Gegenteil davon sein – *staatsfern*. Machen wir uns nichts vor: Wenn es ein Land gibt, das schlechte Erfahrung mit staatlich kontrollierten Medien gemacht hat, dann ist es Deutschland. Nicht zuletzt die Gleichschaltung der Medien hat den Nationalsozialisten unter Hitler zu einer unerhörten Machtkonzentration verholfen.* Anhaltende Pro-

---

* ... uuund da wären wir bei Adolf. Ich hätte wirklich gern mal ein Buch über Deutschland ohne den obligatorischen Verweis auf Hitler geschrie-

paganda im Sinne des Führers war ein Stützpfeiler des Dritten Reiches. Aus dieser bitteren Erfahrung heraus wurde nach Kriegsende darauf bestanden, dass die Finanzierung und Kontrolle von Funk und Fernsehen nie wieder in die Hände einer Regierung fallen dürfen. Die Öffentlich-Rechtlichen sollten unabhängig vom Zugriff der Herrschenden sein. Zu gefährlich galt nach den Propaganda-Exzessen der Nazis die Verbindung zwischen Medien und Staatsführung.

Das ist auch der Hintergrund, vor dem sich viele Gegner des Rundfunkbeitrages regelmäßig selbst bis auf die Knochen blamieren: Mit Sicherheit ist jedem deutschen Internet-Nutzer schon mindestens einmal eine Petition für die Abschaffung des Rundfunkbeitrages vor die Maus gekommen. In den begleitenden Texten solcher Petitionen wird groß und breit erklärt, warum **ARD** und **ZDF** in die Tonne gehören und wie hundsmiserabel ihre journalistische Qualität sei. Deshalb solle man sich der Anti-Rundfunkgebühren-Bewegung anschließen. Die Unterschriften würden anschließend an den Bundestag geschickt – um »die da oben« dazu zu zwingen, die zwangsfinanzierten Sender endlich einzumotten!

Solchen Petitions-Erstellern, die sich im Internet gerne zu regelrechten Medienexperten hochstilisieren, fehlt oftmals selbst ein rudimentäres Verständnis davon, wie öffentlich-rechtlicher Rundfunk eigentlich funktioniert. Man muss es noch einmal in aller Deutlichkeit sagen: Der Bundestag hat mit **ARD** und **ZDF** ungefähr so

---

ben, aber der Motherfucker quetscht sich einfach überall rein #AttentionWhore

viel zu tun wie der Präsident der Vereinigten Staaten mit dem Dschungelcamp. Er ist schlicht und ergreifend nicht zuständig dafür.

Es beeindruckt mich immer wieder, wie selbst derart grundlegende Zusammenhänge ausgerechnet von den Leuten ignoriert werden, die anderen schlechte Recherche vorwerfen. Zum Leidwesen der Beitragsgegner gibt es in Wahrheit nämlich nicht *einen* Verantwortlichen, auf den man mit dem Finger zeigen könnte. Die Aufsichts- und Kontrollorgane der »Staatsmedien« sind, typisch deutsch, außerordentlich bürokratisch; die Verantwortung für sie liegt bei den Landesmedienanstalten, der sogenannten Kommission zur Ermittlung des Finanzbedarfs der Rundfunkanstalten und über diese zum Teil auch bei den Landesparlamenten.

Liest noch jemand mit? Ich entschuldige mich an dieser Stelle dafür, dass das im Vergleich so unglaublich dröge klingt. Auch ich bin der Meinung, dass DER SCHEISS BUNDESTAG IS SCHULD als Petitions-Überschrift viel mehr hermacht, aber so sieht nun einmal die Realität aus. Sämtliche Unterschriftensammlungen an den Bundestag, den Bundesgerichtshof oder auch Merkel persönlich werden daher absolut nichts bewirken. Sie sind schlicht falsch adressiert. Ebenso gut könnte ich meinem Hund dafür mit der Zeitung auf den Hintern hauen, wenn mein Nachbar zu laute Musik spielt. Es ist einfach sinnlos.

Nun muss man fairerweise erwähnen, dass es natürlich auch Gebührengegner gibt, die mit derlei Begebenheiten vertraut sind. Der Wirtschaftsjournalist Dr. Norbert Häring etwa, seines Zeichens Autor mehrerer Ökonomie-Sachbücher und Kolumnist beim von mir sehr geschätzten **Handelsblatt**, startete Anfang 2015 ein viel beachtetes Experiment. Wie so viele andere seiner Leidensgenossen hatte er der GEZ, später dann dem »Beitragsservice«, gestattet, den Rundfunkbeitrag monatlich von seinem Konto abzubuchen. Im Februar 2015 stornierte er jedoch die Einzugsermächtigung. Er ließ die Gebühren nicht mehr abbuchen und überwies auch keinen einzigen Monatsbeitrag mehr. Stattdessen legte er die Füße hoch und wartete auf öffentlich-rechtliche Post. Die ließ sich nicht lange bitten. Bereits kurze Zeit später erhielt Häring die schriftliche Aufforderung, die ausstehenden Gebühren zu bezahlen und bestenfalls auch gleich wieder die Einzugsermächtigung zu erteilen. Der Journalist erwiderte daraufhin in einem eigenen Schreiben sehr freundlich und sachlich, dass er zwar durchaus bereit sei, sowohl den fälligen, als auch zukünftige Beträge zu begleichen – aber nur *in bar.*

Dies war der Knackpunkt der Geschichte. Häring argumentierte nicht über Sinn oder Unsinn des öffentlich-rechtlichen Medienapparats, sondern verknüpfte einfach zwei so auf der Hand liegende Dinge, dass sich unzählige Deutsche anschließend die Frage stellten, warum sie nicht selbst auf die Idee gekommen waren. Das Häring'sche Konzept war bestechend simpel:

Tatsache #1 Euro-Banknoten, also die bunten Bargeld-Scheine in unseren Portemonnaies, sind in Deutschland das einzige *unbeschränkte gesetzliche Zahlungsmittel.*

Tatsache #2 Die GEZ/der »Beitragsservice« betreibt *keine* Annahmestellen für Bargeld-Einzahlungen.

Ab hier braucht man nicht mehr viel Fantasie, um Härings Plan nachzuvollziehen. Besteht er darauf, seine Gebühren bar zu zahlen, hat der Beitragsservice durch fehlende Annahmestellen keine Möglichkeit, an sein Geld heranzukommen. Andererseits macht er sich auch nicht strafbar, denn er bietet die Zahlung schließlich an und sein Bargeld müsste als unbeschränktes gesetzliches Zahlungsmittel eigentlich akzeptiert werden. Das Verschulden läge demnach eben nicht bei Häring, sondern – ho-ho! – bei den Öffentlich-Rechtlichen. Gewiefte Nummer!

In Härings Augen gab es für die Rundfunk-Eintreiber jetzt nur zwei Möglichkeiten: Entweder sie wären durch seine Forderung dazu gezwungen, deutschlandweit ein flächendeckendes System zur Annahme von Bargeld einzuführen – oder sie würden überhaupt nichts unternehmen und den einfallsreichen Sonderling gewähren lassen. Der findige Journalist hörte jedenfalls monatelang erst einmal gar nichts mehr von den Öffentlich-Rechtlichen und schrieb dazu auf seiner Internetseite, auf der er sein Experiment dokumentierte: »Ich vermute, man verzichtet lieber auf meine Rundfunkgebühr, als dass man nur meinetwegen anfängt eine Bargeldeinzahlungsmöglichkeit zu schaffen«.

So weit, so Erfolg versprechend. Ermutigt durch die Funkstille seitens des Beitragsservice, rief er seine Leser dazu auf, es ihm gleichzutun. Kündigt die Einzugsermächtigung und besteht auf Bargeldzahlung! Und dann schaut genüsslich zu, wie das Bürokratiemonster von selbst in sich zusammenfällt, geschlagen mit seinen eigenen Waffen. Bye, bye, elender Rundfunkbeitrag! Eine Lücke im System schien gefunden und verbreitete sich rasend schnell unter den Gebührengegnern.

Übertroffen wurde deren Euphorie fast nur noch durch die der privaten Medien. Der **Focus** berichtete über Härings »geniale Idee«, mit der man die »GEZ in den Wahnsinn« treiben könne.* Der **stern** frohlockte über den Schlag gegen die »Gebühren-Einzugs-Krake« und ernannte Häring zum »Held aller GEZ-Hasser. Also gewissermaßen von uns allen«. Die **Bild am Sonntag**, Deutschlands auflagenstärkste Sonntagszeitung, schenkte dem »Bargeld-Trick« gleich eine ganze Seite und mutmaßte, ob die Rundfunkgebühr dadurch nicht sogar komplett gekippt werde.

Ganz schön viel Applaus aus der Ecke der privaten Medien. Doch bevor man sich über ihre Anti-Gebühren-Begeisterung zu sehr wundert, sollte man sich vor Augen halten, dass sich private und öffentlich-rechtliche Medien traditionell gegenseitig nicht ausstehen können. Unter den jeweiligen Mitarbeitern verhält es sich noch vergleichsweise augenzwinkernd: Reporter des privaten Bereichs, also etwa von Sendern wie **RTL**, **SAT1**, **N24** etc., belächeln gern die endlosen Formulare und langen Entscheidungswege bei **ARD** und **ZDF**, wenn es nur um

---

* Man beachte an dieser Stelle, dass es die »GEZ« zu diesem Zeitpunkt schon seit fast zwei Jahren überhaupt nicht mehr gab. Aber lieb gewonnene Feindbilder gibt man eben nur schwerlich wieder auf. #MeinLiebsterFeind

so simple Dinge geht wie das Abholen eines Videotapes für den Dreh. Journalisten des öffentlich-rechtlichen Rundfunks hingegen blicken gern mal auf die Kollegen aus dem privaten Bereich herab, die sich, vom Quotendruck getrieben, in ihren Sendungen mit nervtötenden Reality-Stars und Promi-Nippel-Hitlisten aufhalten müssen. Mit derlei Sticheleien werden untereinander gern die jeweiligen Vorurteile am Leben gehalten; also wahlweise vom trägen Beamten im staatlichen Elfenbeinturm oder den ordinären Gossen-Paparazzi des Privatfernsehens. Bis hierhin kann man diese Seitenhiebe sicher noch als sportliche Rivalität einstufen. Deutlich ernster findet die Auseinandersetzung jedoch auf den höheren Ebenen statt.

Die Finanzierung der öffentlich-rechtlichen Medien durch die Gebührenzahler ist den privaten Sendern ein Dorn im Auge. Im direkten Vergleich erscheint es geradezu unfair: Mit einem sehr viel geringeren Budget müssen die Privaten ein konkurrenzfähiges Programm auf die Beine stellen. Das Geld dazu erhalten sie auch nicht gesetzlich vorgeschrieben in angenehmer Regelmäßigkeit aus den Taschen der Bürger, sondern müssen es immer wieder über Werbekunden neu akquirieren. Schauen viele zu, verdienen sie viel Geld. Entwickelt sich das Programm zum Flop, fallen die Werbepreise gemeinsam mit der sinkenden Quote jedoch ins Bodenlose, und ein Sender steht vor ernsthaften Problemen. Jeder Zuschauer, der in der Glotze lieber Öffentlich-Rechtliche schaut, ist aus Sicht der privaten Anbieter dementsprechend ein Verlust an Werbekraft und somit Geld.

Dieses Ringen zwischen staatlichen und privaten Medien um Marktanteile ist keine graue Theorie, sondern wird im Zweifel mit aller Härte vor deutschen Gerichten ausgetragen. Als 2009 die ›Tagesschau‹-App angekündigt wurde, gingen die deutschen Zeitungsverleger auf die Barrikaden. Unter erheblichem Kostenaufwand hatten sie zuvor ihre eigenen Nachrichten-Apps an den Start gebracht. Als digitales Abo-Modell sollten sie den Verlagen auf Smartphones und Tablets eine neue Einnahmequelle erschließen. Besonders der **Axel Springer Verlag** hatte auf neue, zahlungspflichtige Nachrichten-Apps seiner Flaggschiffe **BILD** und **Welt** gesetzt. Es sollte ein Ende haben, mit der ewigen Kostenlos-Kultur im Netz. Wer auf seinem Handy die Artikel von Journalisten lesen wollte, sollte gefälligst dafür bezahlen.

An diesem kritischen Wendepunkt traten die Öffentlich-Rechtlichen auf den Plan und kündigten eine eigene ›Tagesschau‹-App an, zum Kampfpreis von – *ähem* – null Euro. Umsonst für alle! Für die Verleger eine Horror-Vorstellung, versuchten sie doch gerade, im Internet endlich das Gegenteil vom unrentablen Gratis-Journalismus einzuläuten. Dass man teures Geld in neue Produkte investierte, nur um anschließend mit anzusehen, wie die Öffentlich-Rechtlichen ein völlig kostenloses Konkurrenzangebot auf den Markt brachten, das wollte man sich nicht bieten lassen. Der Bundesverband Deutscher Zeitungsverleger forderte schäumend ein Verbot der App und klagte sich in der Folge bis zum Bundesgerichtshof hoch. Der Streit hält bis heute an, selbst mit derzeit rund vier Millionen Downloads der ›Tagesschau‹-App. Dass sie ein Verbot wohl nicht mehr erreichen, das haben die Verleger nach einigen schmerzlichen Schlappen vor Gericht mittlerweile zähneknirschend hingenommen. Dafür fordern sie heute, dass die App zumindest »weniger Text« enthält. Immerhin etwas.

Ich hoffe, dieser kleine Exkurs veranschaulicht, wie angespannt das Verhältnis zwischen öffentlich-rechtlichen und privaten Medien in Deutschland ist und warum gerade viele private Zeitungen den »Bargeld-Trick« so begeistert aufgenommen haben. Sie befinden sich in permanenter Konkurrenz zu den gebührenfinanzierten Angeboten, und etwas Besseres als deren Abschaffung könnte ihnen wirtschaftlich kaum passieren. Warum gibt es sie also immer noch, trotz Härings einleuchtend klingendem Vorschlag und der medialen Unterstützung durch die Zeitungsmacher?

Die Erklärung hierfür ist beinah so simpel wie Härings Vorschlag. Der Journalist hatte beim Wälzen der Gesetze ein entscheidendes Detail missverstanden: Wenn Euro-Banknoten in Deutschland als einziges gesetzlich unbeschränktes Zahlungsmittel angegeben werden, dann bedeutet das nicht, dass jedes Geschäft, jeder Händler oder jede Behörde eine Bezahlung in bar annehmen *muss* – es bedeutet lediglich, dass, *falls* jemand in Deutschland Barzahlungen annimmt, er *dann* Euro-Banknoten annehmen muss. Wenn jemand zusätzlich Dollar, Bitcoins oder DM annimmt (wie das in manchen trendy Geschäften tatsächlich der Fall ist), bitte schön. Aber das ist dann deren Bier. Die Annahme von Euros ist jedoch Pflicht.

Auf diese Weise entzauberte sich Härings »geniale Idee« rasch selbst. Das Aufgeben fiel dem Journalisten leider schwer, noch heute wehrt er sich gegen die Abbuchung von seinem Konto. Stattdessen wartet er auf die Drohung der Zwangsvollstreckung, zahlt den fälligen Betrag dann bar beim Amtsgericht ein, und der Beitragsservice kann es anschließend dort pfänden. Wow. Hammer Trick, Brudi. Dein Geld kriegen sie immer noch, nur dass du jetzt sogar jedes Mal beim Amt extra dafür anstehen musst. Erzähl mir mehr, wie du's der **GEZ** gezeigt hast. Die Zahl derer, die ihn dafür als »Held von uns allen« bezeichnen, dürfte daraufhin zurückgegangen sein. Härings »Trick« war letztlich nicht mehr als heiße Luft, doch die Verlage heizten mit ihr die Stimmung gegen den Rundfunkbeitrag durch eine fast schon überschwängliche Berichterstattung gerne an.

Auch die Kollegen vom Privatfernsehen hätten sicher nichts dagegen gehabt, wenn seine Idee das Gebührensystem tatsächlich zum Einsturz gebracht hätte. Denn obwohl **ARD** und **ZDF** im Vergleich zu z.B. **ProSieben** oder **RTL** nur sehr wenig Werbung zeigen,[*] schnappen sie ihnen dennoch lukrative Deals weg. Allein die **ARD** verbuchte im Jahr 2014 Werbeumsätze im Wert von rund 400 Millionen Euro. Man versetze sich nur in die Lage eines gestandenen Fernsehbosses aus der Privatwirtschaft. Da sitzt man in seinem Büro, ackert gegen die Übermacht der gebührenfinanzierten Sender an, und

---

[*] Bei öffentlich-rechtlichen Sendern sind maximal 20 Minuten Werbung täglich erlaubt. Private TV-Sender hingegen dürfen täglich 20 % ihrer Sendezeit mit Werbung bespielen – da kommen schon ein paar Stündchen zusammen. #Seeeitenbaaacheeer #OHGOTTWoIstDieFernbedienung

zu allem Überfluss jagen sie einem auch noch Werbekunden ab. Der Ärger ist leicht nachvollziehbar, die Millionen-Umsätze der Konkurrenz hätte man schließlich auch lieber in der eigenen Bilanz stehen.

Womit wir direkt beim nächsten Reizthema wären: Warum in aller Welt zeigen die Öffentlich-Rechtlichen überhaupt Werbung?

Haben diese »Halsabschneider« und »Politganoven« denn nie genug? Reichen ihnen die Milliarden, die sie mit der »Zwangsgebühr« von den Bürgern »erpressen«, noch immer nicht?* Hier schneiden sich diejenigen, die gegen den teuren Rundfunkbeitrag wettern, ins eigene Fleisch. Die Werbung ist genau dafür da, den monatlichen Beitrag zu *senken*. Ziemlich genau 1,26 Euro mehr müssten wir monatlich zahlen, würde man komplett auf Werbung verzichten. Nur mal so unter uns: Wer das Erste abschaffen will, weil das alles sowieso nur LÜGENPRESSE!! sei, der sollte die Ausstrahlung von Werbespots in deren Programm eigentlich nicht kritisieren, sondern sogar noch mehr fordern. Ich meine, komm schon: Wenn du das Programm eh nicht anschaust (… oder heimlich etwa doch …?) kann es dir völlig egal sein, ob mehr Wer-

---

* Wen die geradezu martialische Wortwahl an der Stelle stutzig macht: Derartige Bezeichnungen sind kein Freestyle meinerseits, sondern stammen von überzeugten Gebührengegnern aus dem Netz. Fun Fact: Der Blog, dem ich diese Aussagen entnommen habe, setzt sich ansonsten auch kritisch damit auseinander, ob die führenden Nazis im Dritten Reich nicht in Wahrheit alles Juden waren, die die Deutschen ausrotten wollten und … aaach, verdammt noch eins, jetzt bin ich in diesem Kapitel schon zum **zweiten** Mal bei Hitler gelandet:(#WoBullshitGedeihtIstHitlerNichtWeit #GoldeneRegel #Abturn

bung läuft, du siehst sie eh nicht. Gleichzeitig müsstest du aber weniger Beitrag zahlen. Hat doch nur Vorteile, oder?

Aber gut, Spaß beiseite. Das Mitmischen der Öffentlich-Rechtlichen im Werbemarkt steht traditionell in der Kritik. Wobei es in ihrer gesamten Geschichte lediglich sechs Jahre gab, in denen überhaupt keine Werbung lief. Nur nach der Gründung der **ARD** 1950 konnten die Zuschauer für kurze Zeit absolut werbefreies Entertainment genießen, bis die Harmonie 1956 durch den ersten Werbespot zerstört wurde.[*] Menschenskinder. Was waren das für tolle sechs Jahre damals. Keine Reklame im Ersten. Himmlisch.

Aber was hatte sich verändert? Warum entschied man sich auf einmal, Werbung ins Programm zu nehmen? Nun, zum einen war Fernsehwerbung vorher (zumindest im deutschen Raum) noch nicht einmal wirklich erfunden. Im Jahr 1952 besaßen in ganz Deutschland gerade einmal 300 Menschen einen Fernseher. Zu diesem Zeitpunkt hätte man als Werbetreibender mehr Menschen mit einem Sticker in einer Kneipentoilette erreicht. Ein paar Jahre später sah das allerdings schon anders aus: Bis zum November 1956 war das deutsche TV-Publikum auf rund 600 000 Zuschauer gewachsen. Das klang für

---

[*] Die erste Werbung im deutschen Fernsehen stammte übrigens vom Waschmittel »Persil« und wurde am 3. November 1956 im Bayerischen Rundfunk ausgestrahlt. Im Spot sieht man ein Ehepaar, das sich im Restaurant streitet, weil der Mann auf den Tisch gekleckert hat. Die Frau schämt sich. Alles ist sehr unangenehm. #SchöneMomente #DieRechnungBitte

Unternehmen dann schon interessanter. Werbung in den Öffentlich-Rechtlichen wurde demnach nicht erst vom Privatfernsehen adaptiert, um die heutigen Beitragszahler noch mehr *abzuzocken*. Vielmehr ist sie seit den Anfängen Teil des Programms und soll die Bürger *entlasten*. Werbespots sind für das Erste kein Geschäftsmodell, sondern ein Versuch, die Kosten für die Gebührenzahler zu reduzieren. Deshalb greifen die Abzock-Vorwürfe der Gebührengegner an dieser Stelle ins Leere. *

Auch die beliebte Variante, dass man als kleiner Bürger bis auf die Unterhosen ausgenommen wird, während »die da oben« machen dürfen, was sie wollen, zieht nicht. »Die da oben« gehören zu den erbitterten Gegnern des Rundfunkbeitrags. Die Drogeriekette **Rossmann** etwa zog 2012 vor Gericht, weil sie für jeden ihrer Märkte Rundfunkgebühr zahlen muss, obwohl es in keinem einzigen davon ein Radio, einen Fernseher oder internetfähige Computer gibt. Dennoch muss das Unternehmen mehrere Hunderttausend Euro Beitrag im Jahr zahlen, obwohl nachweislich nicht einmal die Möglichkeit besteht, einen Sender zu empfangen, sei er privat oder öffentlich-rechtlich. Inhaber Dirk Roßmann ist mehrfacher Milliardär und einer der reichsten Menschen der Welt. Dieser Mann bräuchte sich keinen »Bargeld-Trick« auszudenken, sondern könnte die »illegale

---

* An anderer Stelle müssen sich die öffentlich-rechtlichen Sendeanstalten jedoch durchaus die Frage gefallen lassen, ob sie mit rund 20 Fernsehkanälen und knapp 70 Radiosendern den Status der »Grundversorgung« nicht mittlerweile hinter sich gelassen haben. #MehrKanäleAlsVenedig #Sheesh

Zwangsgebühr« von internationalen Topkanzleien aus-
einanderpflücken lassen – wenn sie denn illegal wäre.
REWE, Deutschlands zweitgrößter Lebensmittelhändler
und wahrer Handelsgigant mit 50 Milliarden Euro Jah-
resumsatz, brachte 2013 ebenfalls seine Juristen in Stellung und prüfte eine Klage gegen den Rundfunkbeitrag.
Die Gebühren kosten den Konzern mehrere Millionen
Euro im Jahr. Der größte nationale Autovermieter **Sixt**,
an dessen Spitze mit Erich Sixt einer der reichsten Deutschen steht, klagt seit Jahren gegen die Gebühren, um
weniger zahlen zu müssen. Was hat es gebracht? Nichts,
weder **Rossmann**, **REWE** oder **Sixt** noch den vielen anderen Klägern aus Wirtschaft und Industrie, die sich bisher ihre Zähne an den Gerichten ausgebissen haben.
Ein ums andere Mal wurde die Rechtmäßigkeit des Bei-
trages bestätigt. All dem Geld und Einfluss der Kläger
zum Trotz.

Hier müssen sich die Verschwörungstheoretiker unter
den Gebührenhassern natürlich die Frage stellen, wie
das möglich ist. Sind Staatsdiener nicht nur die Mario-
netten der Wirtschaft, die nach der Pfeife der Elite tan-
zen, um deren Reichtum zu mehren? Bekommen »die da
oben« nicht immer, was sie wollen?

Eins können wir zumindest festhalten: Unternehmen
hassen nichts mehr als Verluste, und bei Rundfunkgebühren geht es für sie nicht um Peanuts. Wir reden
von Millionen Euros, die großen Unternehmen Jahr für
Jahr durch die Lappen gehen. Gerade in Deutschland,
wo Mitarbeiter schon dafür gefeuert werden, wenn sie
ihr Handy am Arbeitsplatz aufladen (STROMKLAU!!)
oder verlorene Pfandbons einlösen (VERTRAUENS-

VERHÄLTNIS ZERRÜTTET!!)*, kann man ohne Weiteres davon ausgehen, dass die Wirtschaft die Gebühr schon längst gekippt hätte, wenn sie denn nicht rechtens wäre.

Doch was Staranwälte und Milliardenkonzerne nicht schaffen, das kriegt vielleicht ein wenig Kreativität hin. Firmen sind schließlich bei Weitem nicht die Einzigen, die gegen den Beitragsservice vor Gericht ziehen. Bundesweit türmen sich die Klagen Hunderter Gebührengegner in den Amtsstuben. Die jeweiligen Begründungen lesen sich stellenweise fantasievoller als die »Ich hab meine Hausaufgaben nicht gemacht«-Ausreden an einer Schule für kreatives Schreiben. Das Bundesverfassungsgericht etwa sah sich 2012 mit der Beschwerde eines Mannes konfrontiert, der aus religiösen Gründen vom Rundfunkbeitrag befreit werden wollte. Als tiefgläubiger Christ wolle er sich so vor dem »satanischen und zerstörerischen Einfluss« der Öffentlich-Rechtlichen schützen. Beim Verwaltungsgericht München wollte sich 2014 ein Mann von den Gebühren befreien lassen, weil **ARD** und **ZDF** ihm zu wenig über die Alternative für Deutschland (**AfD**) berichteten. Die sollen da mal mehr senden! Das sind schräge Beispiele, aber sagen wir einfach, dass sich Menschen von sämtlichen Enden des

---

* So geschehen 2010 in Oberhausen, wo ein seit 14 Jahren beschäftigter Mitarbeiter durch das Aufladen seines Mobiltelefons seinem Arbeitgeber Kosten in Höhe 0,00014 Euro verursachte und daraufhin fristlos gekündigt wurde; und 2009 in Berlin, als die Kassiererin eines Kaiser's Supermarktes nach 31 Jahren im Unternehmen gekündigt wurde, weil sie zwei verloren gegangene Pfandbons im Wert von 1,30 Euro eingelöst hatte #ThugLife

gesellschaftlichen Spektrums darauf einigen können, dass der Beitragsservice abgeschafft gehört.

Im Frühjahr 2015 schien es so richtig ernst zu werden. Dank der Segnungen des Internets konnten sich Gebührenkritiker aus ganz Deutschland endlich online organisieren. Zu lange schon hielten in ihren Augen die öffentlich-rechtlichen Sendeanstalten die Bürger in ihrem eiskalten Klammergriff der Schande, und die Knechtschaft des Rundfunkbeitrags galt es zu beenden. Auf Facebook trommelten sie für ihre Sache und schworen den Kampf gegen die staatliche Propaganda-Abzocke, unter dem Motto »2 000 000 Stimmen erheben sich gegen die Rundfunkgebühren«! So viele Menschen wollte man für eine gewaltige Anti-Gebühren-Demonstration auf die Straße bringen. Die Resonanz war gewaltig: Abertausende Male wurde die Einladung zur Veranstaltung weiterverschickt, immer mehr Unterstützer fanden sich, lebhafte Debatten brachen aus, man bestärkte sich gegenseitig, dass jetzt aber wirklich mal die Zeit gekommen sei, das Zwangssystem in seine Schranken zu weisen. Die Teilnehmerzahlen auf Facebook stiegen höher und höher, bis sie am Ende zwar nicht bei zwei Millionen, aber immerhin bei einer Million Teilnehmern lag. Man stelle sich das einmal vor: eine Million Menschen Seite an Seite, entschlossen vereint gegen den Rundfunkbeitrag! So etwas hatte das Land noch nicht gesehen und der Sieg schien zum Greifen nah, bis …

… ja, bis irgendwann mal geklärt werden sollte, wo und wann und wie genau es eigentlich losgeht. Der Ersteller des Aufrufes meldete sich nach immer mehr Teilnehmerzusagen zu Wort, dass eine reale Veranstaltung mit so vielen Demonstranten ja schon ganz schön anstrengend zu organisieren sei und es ihm dann doch zu viel würde. Auflagen und so, ihr wisst. Ihm diese Arbeit so wirklich abnehmen wollte anscheinend auch niemand, denn durchgeführt wurde die angekündigte Mega-Demo nie. Aber hey, nächstes Mal, ne.

Zwar kann man bei den Gebührengegnern nicht auf die Präsenz auf der Straße zählen, auf eine Sache ist aus ihren Reihen aber immer Verlass: dass irgendjemand laut VOLKSENTSCHEID! ruft und sein Leid darüber klagt, dass sich die lahmen Deutschen doch mal ein Vorbild an der Schweiz nehmen sollten. Ja, ja, die geliebte Schweiz. Auch hier sind die Kämpfer gegen die Öffentlich-Rechtlichen mal wieder nur mit der halben Wahrheit unterwegs, und ich bin mir fast sicher, dass viele von ihnen es selbst nicht einmal merken. Zwar genießt die Schweiz durchaus zu Recht den Ruf, aufgrund ihrer berühmten Volksabstimmungen ein internationales Vorbild in Sachen direkter Bürgerbeteiligung zu sein. Doch die selbst ernannten GEZ-Rebellen verschweigen nur zu gerne, dass die entsprechenden Rundfunkgebühren in der Schweiz mit fast 400 Euro im Jahr beinahe doppelt so hoch liegen wie in Deutschland. Ich wäre mir also nicht so sicher, was für eine Scheibe sie sich von ihrem geliebten Vorbild Schweiz tatsächlich abschneiden wollen.

Aber spielen wir das Spiel abschließend einmal mit. Nur so zum Spaß. Schmeißen wir die Rundfunkgebühr über Bord und verabschieden uns bei der Gelegenheit gleich mit von **ARD** und **ZDF**. Diese verdammte Staatspropaganda! Endlich sind wir sie los, nach all den Jahren! Das Volk hat gesiegt, der öffentlich-rechtliche

Rundfunk ist Geschichte. Herzlichen Glückwunsch uns allen. Niemand muss mehr hören, wie Béla Réthy eine Fußball-WM kommentiert, die Bürger liegen sich mit tränenüberströmten Gesichtern in den Armen, die Wiedervereinigung war ein Scheiß dagegen. Gänsehaut. Und dann, wenn wir die gemeinschaftlich gebührenfinanzierten Medien endlich hinter uns gelassen haben, dann ... ja, dann sind wir auf einmal allein mit den werbefinanzierten.

Schöne Vorstellung. Wo man hinschaut, TV-Kanäle und Radiostationen, die Werbekunden zufriedenstellen müssen. Super hingekriegt, Sportsfreunde. Dann haben die mutigen GEZ-Kritiker, die vor *kontrollierten Medien!!* gewarnt haben, ihr tolles Ziel erreicht: wenn von der Wirtschaft abhängige Medien den Markt ohne öffentlich-rechtlichen Gegenpol unter sich aufteilen. Darauf können wir dann alle sehr stolz sein, dass wir ein System in die Tonne gekloppt haben, das uns die Möglichkeit auf eine zweite Perspektive geboten hat – eine Perspektive, die unabhängig sein konnte von Werbebuchungen oder der Gunst schwerreicher Medienmogule.* Ist es realistisch zu erwarten, dass ein TV-Sender, dessen größte Werbekunden Fast-Food-Anbieter sind, kritische Reportagen über die Hintergründe dieser

---

* Der US-amerikanische Milliardär Rupert Murdoch z. B. hält über seine Firmenbeteiligungen die Fäden zahlreicher privater Medien in der Hand, so etwa bei Sky, dem Wall Street Journal oder dem US-Nachrichtensender »FOX News«, der berüchtigt ist für seine Stimmungsmache gegen Minderheiten und für den Erhalt der Privilegien der reichsten Schicht der Bevölkerung. #VielVetrauenswürdigerAlsARD #SoJemandenBrauchenWir

Branche produziert? Können Journalisten es sich erlauben, über die Skandale eines Unternehmens zu berichten, wenn ebendieses über Werbebuchungen ihre Gehälter finanziert?

Vielleicht halten wir uns alle noch mal vor Augen, wie das Programm der privaten Sender eigentlich aussieht. Bei der Gelegenheit können wir uns gleich die ehrliche Frage stellen, ob uns die Simpsons, Fernsehrichter Alexander Hold und ›Bauer sucht Frau‹ von jetzt bis ans Ende aller TV-Tage tatsächlich genug sind. Malen wir uns die Zukunft also aus: Die Nachrichten gibt es von **RTL2**, wo nach den ersten fünf Minuten Alibi-Nachrichten Deutschlands krasseste BMX-Fahrer und die neuesten Videospiele vorgestellt werden. **ProSieben** liefert mit ›red‹ den wichtigsten Gesprächsstoff aus Hollywood, und **RTL** deckt mit Restauranttester Rach auf, dass in Wanne-Eickel ein Imbissbudenbesitzer seit 2006 seine Fritteuse nicht gereinigt hat. Und zu Weihnachten läuft ›Kevin allein zu Haus‹.

Ich weiß, vielen Leuten ist das genug. Vielen Leuten *reicht* das. Es gibt Menschen, die wollen nichts anderes, und die verstehen nichts anderes. Aber aus den eigenen Fernsehgewohnheiten zu schließen, dass alles, was man selbst nicht mag, nichts wert ist (und deshalb abgeschafft gehört), ist nicht nur töricht, sondern für eine demokratische Gesellschaft geradezu gefährlich. Eines der meistgenutzten Argumente, das Gegner des Rundfunkbeitrags von sich geben, ist gleichzeitig auch das dümmste: *Warum sollten wir Bürger die Öffentlich-Rechtlichen finanzieren?* **Fernsehen und Radio sind reine Freizeitgüter!**

. . . .
. . . .
. . . .
. . . .
. . . .
. . . .
. . . .
. . . .
. . . .
. . . .
. . . .
. . . .
. . . .
. . . .
. . . .
. . . .

. . . . oh, Entschuldigung, ich musste mich nur kurz übergeben.

Fernsehen und Radio sind reine Freizeitgüter – es gibt wohl kaum einen Satz, der besser auf den Punkt bringt, aus welch geistig umnachtetem Zustand heraus viele Gebührengegner agieren. Sie haben das Konzept konzerngesteuerter Medien bereits derart verinnerlicht, dass ihnen gar nicht mehr in den Sinn kommt, Fernsehen könnte auch etwas anderes sein als Dauerberieselung durch Werbung und Kaugummi fürs Gehirn. Ähnlich wie bei übergewichtigen Kindern, deren Geschmacksknospen nach jahrelangem Zucker- und Fettkonsum so verkümmert sind, dass sie einen echten Apfel eklig finden, ist bei vielen Zuschauern des Privatfernsehens die Aufmerksamkeitsspanne so stark gesunken, dass sie eine Sendung kaum aushalten, wenn nicht spätestens nach sechzig Sekunden jemand angeschrien oder umgestylt wird.* Sind die Öffentlich-Rechtlichen dagegen perfekt? Absolut nicht! Ich selbst schaue weder ›Tatort‹ noch ›Musikantenstadl‹, und jedes nichtssagende Sommerinterview mit der Kanzlerin bereitet mir körperliche Schmerzen. Aber verdeckte Reportagen über die Produktionsbedingungen unserer Kleidung, aufwendige Dokumentationen über Umweltzerstörung durch Großunternehmen, Liveberichte zu Parteitagen und Krisengipfeln – all das sind wichtige Inhalte, die man in ihrem Programm täglich findet und die im Privatfernsehen ein Schattendasein fristen.

Für eine Menge Leute scheint das keine Rolle zu spielen; sie sind mehr als zufrieden mit zehn Jahre alten Doppelfolgen von ›Two and a Half Men‹ und der hundertsten Wiederholung von ›CSI: Miami‹. Die privaten TV-Macher wissen das und schätzen das Dasein des Publikums als Gewohnheitstiere. Dementsprechend günstig können sie den Großteil ihres Programms nämlich einfach in Schleife laufen lassen. Eine Medienanalyse im Herbst 2011 ergab, dass **RTL** 48 %, **Sat1** 56 %, **Pro-Sieben** 79 % und **Kabel1** stolze 89 % ihrer wöchentlichen Sendezeit mit Wiederholungen füllen.** Viele Zuschauer

---

* Im besten Fall natürlich beides gleichzeitig! #GermanysNextTopModel #HatDieQuoteNichtUmsonst

** Durchgeführt wurde sie vom Medienmagazin »Quotenmeter«; die Fernsehsender mit dem geringsten Anteil an Wiederholungen waren ARD (37 %) und ZDF (29 %). Über die Qualität der einzelnen Sendungen sagt das natürlich erst mal nichts aus, andererseits wird eine Folge von ›Die strengsten Eltern der Welt‹ eben auch nach der elften Wieder-

sind so anspruchslos geworden, dass so etwas nicht nur möglich, sondern auch noch profitabel ist. Fernsehen aus der Konserve, für ein Publikum, das sich in der Endlosschleife zu Hause fühlt. Wenn schon ständig behauptet wird, dass *das Erste* in Wahrheit *das Letzte* sei: Welchen Qualitätssprung genau erwarten sich die Gebührenkritiker denn von einer rein privaten TV-Landschaft?

Ja, man kann über die Qualität einzelner Sendungen, sei es bei **ARD** oder **ZDF** (als auch natürlich den dritten Programmen, also Angeboten wie WDR, NDR, MDR etc.), absolut geteilter Meinung sein. Man kann debattieren, wie hoch oder niedrig ein angemessener Rundfunkbeitrag sein darf und wie gerecht die Last verteilt wird. Aber völlig zu verkennen, wie wichtig der öffentlich-rechtliche Rundfunk für unsere Medienlandschaft ist, das ist nicht nur traurig, sondern zum Verzweifeln. Es scheint eine nicht unerhebliche Anzahl von Bürgern zu geben, die Radio und Fernsehen schon gar nicht mehr als Teil der Vierten Gewalt ansehen, sondern ernsthaft als »reines Freizeitvergnügen« abtun. Menschen, die sich aufgrund dieser eigenen Wahrnehmung nicht im Geringsten daran stören würden, wenn die Berichterstattung jedes Senders weitestgehend wirtschaftlichen Interessen untergeordnet wäre. Es ist für mich außerordentlich deprimierend, dass offenbar ein großer Teil unserer demokratischen Gesellschaft einen solchen Tiefpunkt erreicht hat. Es ist beschämend.

Der öffentlich-rechtliche Rundfunk und die privaten

---

holung nicht zwingend besser. #DieserMomentWennManNichtsFürKabel1BezahltAberTrotzdemSeinGeldZurückWill

Medien: Die einen gelten als zu nah am Staat, die anderen als zu nah an der Wirtschaft. Beide Systeme stehen in Konkurrenz zueinander und kämpfen um die Gunst der Zuschauer. Ich möchte weder das eine in den Himmel loben noch das andere verteufeln. Zu Deutschland gehören beide. Mir persönlich gefällt jedenfalls die Möglichkeit, mich aus mehreren Perspektiven informieren zu können. Diejenigen, denen die werbefinanzierte Perspektive ausreicht und mit den Öffentlich-Rechtlichen nichts zu tun haben wollen, die muss ich mit diesem Kapitel leider enttäuschen. Der Rundfunkbeitrag ist rechtens. Weder einige der reichsten, noch einige der einfallsreichsten Menschen des Landes konnten ihn juristisch anfechten. Am Ende bleibt vom Kampf gegen die »staatliche Lügenpresse« vor allem Ironie: Alle »Tricks«, die man von Gebührengegnern im Internet liest, sind genau das, was sie den Öffentlich-Rechtlichen so gern unterstellen: schlecht recherchierter Unsinn.

MEDIZIN

Dein Arzt belügt dich:

»Die Pharma-Branche will uns vergiften!
Impfen ist gefährlich!«

Merke: Dummheit ist nicht = Dummheit, sondern existiert in unterschiedlich stark ausgeprägten Abstufun-
gen. Da gibt es zum einen die ganz private, recht harm-
lose Dummheit. Also zum Beispiel Leute, die versuchen,
ihrer Katze zu *erklären,* dass sie nicht auf den Esstisch
springen darf. Ein derartiges Unterfangen ist zwar nicht
sonderlich erfolgversprechend, bereitet aber nieman-
dem Schaden und kann obendrein ein durchaus angenehmer Zeitvertreib sein. Hat nicht jeder von uns seine
kleinen Macken, die vielleicht nicht zwingend Sinn er-
geben, aber das Leben erträglicher machen? Man muss
schließlich nicht jede vergnügliche Alltags-»Dummheit«
auf dem Altar der Vernunft opfern. *

---

* Das gute Zureden mit erhobenem Zeigefinger in allen Ehren, aber jedes eindringliche Gespräch mit dem Stubentiger unter vier Augen wird

Bedenklicher wird es, wenn unter dem eigenen, unlogischen Verhalten andere Menschen zu leiden haben. Ein besonders erschreckendes Beispiel dafür sind Impfgegner. Sie zwingen ihre Dummheit nicht nur dem eigenen Familien- und Freundeskreis auf, sondern ungefragt gleich der gesamten Gesellschaft. Und ihre Dummheit ist nicht nur nervig, sondern potenziell tödlich. [*]

Impfgegner sind überzeugt, dass Impfen krank macht. Mindestens. Quälende Schmerzen nach einer Impfung sind in ihren Augen ein verhältnismäßiger Glücksfall; wen es richtig erwischt, der überlebt es nicht. Unzählige Horrorgeschichten zu »Impfschäden« machen zuerst im Netz die Runde und später auf Kita-Spielplätzen zwischen verunsicherten Eltern. Mal heißt es, die Impfstoffe seien nicht genügend erprobt und hätten unkalkulierbare Nebenwirkungen. Andere behaupten, Impfungen seien in Wahrheit vollkommen wirkungslos und dienten einzig der Geschäftemacherei der großen Pharmakonzerne. Wieder andere sehen in der »Impf-Agenda« gar einen geheimen Plan zur Bevölkerungsreduzierung – also nicht weniger als einen Impf-»Massenmord«; im Auftrag von *ganz* oben! Keine Verschwörung ist zu groß, wenn es um die ungeliebten Spritzen geht.

---

wohl weniger effektiv sein als ein lautes, kreischendes »Iiiih!!«, sobald seine Samtpfoten die Tischplatte berühren. #EmpörtesHandFuchteln-HilftZusätzlich

[*] Jeder, der sich von seiner Mutter schon mal die exakte Art des Geschirr-Sortierens erklären lassen musste, weiß, wovon ich rede. »Mama, ich stell die Teller mal zurück in den ...« – »NEIN, doch nicht ausgerechnet daaa hin!« – »... aber die anderen Teller stehen doch auch ...« – »Aber nicht DIE Teller!« #ManKannNichtGewinnen

Halten wir fest: Ja, Impfschäden gibt es tatsächlich. Dabei handelt es sich meist um Beschwerden wie Fieber, Kopf- und Gliederschmerzen oder allgemeines Unwohlsein. Vor allem Kinder stehen im Fokus, da sie in ihren ersten Lebensjahren häufig geimpft werden. Im Gegensatz zur weitverbreiteten Impfgegner-Kampfrhetorik werden solche Fälle nicht unter höchster Geheimhaltung unter die dicken Teppiche der Pharmaindustrie gekehrt, sondern offiziell und für jeden einsehbar im »Nationalen Impfplan« der Bundesländer veröffentlicht. Für das Jahr 2008 etwa werden 43 anerkannte Impfschäden aufgeführt – bei wohlgemerkt rund 45 Millionen Impfdosen allein durch die gesetzlichen Krankenkassen in diesem Jahr. Richtig: Das entspricht sehr grob einem »Impfschaden-Risiko« von *eins zu einer Million.*

Das Wort »anerkannt« ist hier übrigens wichtig: Die Zahl der *Anträge* auf Anerkennung liegt nämlich im Schnitt etwa sechs Mal so hoch. Das bedeutet, viele Menschen sind davon überzeugt, dass ihr beeinträchtigter Gesundheitszustand (oder der ihres Kindes) mit einer Impfung zusammenhängt, selbst wenn dieses subjektive Gefühl einer medizinischen Untersuchung nicht standhält. Dabei ist der Gesetzgeber an dieser Stelle sogar äußerst großzügig: Nach deutschem Recht genügt bereits eine vage »Wahrscheinlichkeit«, dass gesundheitliche Schäden mit einer Impfung zu tun haben, um für die Folgen entschädigt zu werden. * Oftmals fallen Beschwerde

---

* Entscheidend sind hier die Paragrafen 60 und 61 des IfSG (»Gesetz zur Verhütung und Bekämpfung von Infektionskrankheiten beim Menschen«). #LesetippFürDieJuristenUnterEuch

und Impfung jedoch einfach nur zeitlich zusammen bzw. werden gesundheitliche »Folgen« angeführt, die auch ohne die Impfung eingetreten wären. Der Klassiker wäre quasi der Patient, der raucht und sich nicht bewegt und sich nach der Impfung beschwert, dass er unter Atemnot leidet. Da muss doch der böse Stoff aus der Spritze dran schuld sein und nicht die guten Zigaretten, die er bereits seit 30 Jahren qualmt! Mit denen hatte er *nie* Probleme!

Noch einmal: Nicht an jeder Beschwerde ist eine Impfung auch schuld. Als besonders eindringliches Beispiel sei hier auf den Fall der 14-jährigen Natalie Morton aus Großbritannien verwiesen. Das Mädchen verstarb 2009 kurz nach einer Impfung. Da springen natürlich erst einmal sämtliche Alarmsignale an: Tod nach Impfung! Ihre Geschichte gilt bis heute auch vielen deutschen Impfgegnern als abschreckender Beleg für die Gefahr, die von Impfungen ausgeht. Zu gut passt die Geschichte schließlich ins Bedrohungsschema der Impfkritiker: Kerngesundes Mädchen wird durch eine einzige Spritze umgebracht! Dass sich bei der späteren Autopsie herausstellte, dass nicht die Impfung die Todesursache war, sondern ein unentdeckter Tumor in Herz und Lunge, haben viele in ihrer Rage schon gar nicht mehr mitbekommen.

Ihre Panikmache wirkt jedenfalls: Ärzte warnen bereits vor rückläufigen Impfquoten. Im Herbst 2014 kam es in Berlin zum größten Ausbruch von Masern seit mehr als einem Jahrzehnt. Über Monate konnte sich das Virus in der Hauptstadt ausbreiten. Das Robert-Koch-Institut – in Deutschland gewissermaßen der Top Dog unter den Gesundheitsbehörden – zog am Ende eine bittere Bilanz: Weit über tausend Menschen infizierten sich, 86 Prozent davon waren (Überraschung) *nicht* gegen Masern geimpft. Bei jedem Vierten verlief die Krankheit so schwer, dass er in einer Klinik behandelt werden musste. Ein erst 18 Monate altes Kind überlebte die Ansteckung nicht und starb im Krankenhaus. Seine Eltern hatten es nicht gegen Masern impfen lassen.

Dass Masern als übliche »Kinderkrankheit« eigentlich halb so wild seien, ist eine dieser fahrlässigen Ansichten, die man nicht nur unter verbohrten Impfgegnern findet. Tatsächlich scheint es jede Menge Menschen zu geben, die allein aufgrund der Bezeichnung »Kinderkrankheit« davon ausgehen, dass man es hier eher mit einer Lappalie zu tun hat. Doch der Begriff beschreibt lediglich, dass von der Krankheit vor allem Kinder betroffen sind – nicht, dass ihr Verlauf auf die leichte Schulter genommen werden sollte.

Ein paar Zahlen gefällig? Spätfolgen der Masern können noch Jahre nach der Infektion verheerende Auswirkungen haben. Die Wahrscheinlichkeit, dass Kinder im Alter von bis zu fünf Jahren nach einer Maserninfektion an der gefürchteten Hirnentzündung SSPE (Subakute sklerosierende Panenzephalitis)* erkranken, liegt

---

* Bis vor wenigen Jahren dachte man noch, dass sie weitaus niedriger liegt, nämlich bei 1 zu 100 000. Die Universität Würzburg und das Bayerische Landesamt für Gesundheit und Lebensmittelsicherheit wiesen jedoch in einer gemeinsamen Untersuchung 2013 nach, dass das Risiko bedeutend höher ist, und warnten vor den dramatischen Folgen der SSPE: »Sie führt zu einem schleichenden Verlust aller geistigen Fähigkeiten und endet im Wachkoma, in dem die Betroffenen nach wenigen Monaten oder auch Jahren versterben. Eine Behandlung der SSPE ist nicht möglich« #Gruselig #NeinDanke

bei 1 zu 3300. Bei Masern insgesamt liegt die Todes-
rate bei etwa 1 zu 1000. Diese Krankheit ist real. Sie ist
lebensbedrohlich. Und jeder Impfgegner, der seinem
Nachwuchs den Schutz vor ihr verweigert, sollte diese
Wahrscheinlichkeiten des Todes mit der Eins-zu-einer-
Million-Wahrscheinlichkeit eines »Impfschadens« vergleichen.

Doch die Kritiker der »Impfindustrie« interessieren
ganz andere Zahlen: und zwar die Gewinne, die die
Pharmabranche mit Impfstoffen scheffelt! Diese dreis-
ten Geschäftemacher wollen sich doch nur eine goldene
Nase am menschlichen Leid verdienen!

Das ist natürlich ein Vorwurf, der Spaß macht. Wer
geht schon nicht an die Decke, sobald er die Worte
»Pharmabranche« und »Gewinne« in einem Satz hört?
Die Industrie hat schließlich nicht den besten Ruf – und
das nicht unberechtigt! Unternehmen wie Bayer, Pfizer
oder GlaxoSmithKline sind allesamt bekannt für Skandale und Strafzahlungen in Milliardenhöhe. Kann man
diesen Leuten nicht alles zutrauen?

Prinzipiell würde ich da gar nicht mal widersprechen.
Wie gesagt: Pharmakonzerne haben sich in der Vergangenheit als alles andere als Unschuldslämmer erwie-
sen. Dennoch kann man davon ausgehen, dass es weitaus lukrativere Bereiche zur Gewinnmaximierung gibt
als ausgerechnet Impfstoffe. Zum einen torpedieren sie
sich damit im Grunde ihr eigenes Geschäftsmodell: Die
aufwendige Behandlung der Symptome, etwa bei einer
Tetanus- oder Maserninfektion, würde bedeutend mehr
Geld in die Kasse spülen als die Verhinderung ebendie-
ser Krankheiten durch einen Impfstoff. Unter uns: Ein

genialer Oberbösewicht-Masterplan zum Abzocken der eigenen Patienten sieht anders aus. Dass die verabreichte Dosis dabei in der Regel so wirksam ist, dass erst nach vielen Jahren eine neue Impfung nötig ist, lässt die »Ausbeute« dabei noch geringer ausfallen. Vor allem im Verhältnis zu sonstigen Ausgaben im Gesundheitswesen verlieren Impfstoffe sehr schnell ihr Image als teuflische Gelddruckmaschine der Pharma-Bosse. Das Robert-Koch-Institut und das Paul-Ehrlich-Institut (das ist das Bundesinstitut zur Prüfung von Impfstoffen) erlaubten es sich im Frühjahr 2016, Impfkritiker in einer gemeinsamen Erklärung darauf aufmerksam zu machen, dass Impfstoffe lediglich 0,6 Prozent der jährlichen Ausgaben der Gesetzlichen Krankenversicherung ausmachten. Allen »Milliarden-Abzocke!!«-Vorwürfen zum Trotz: Das große Geld wird in der Branche in ganz anderen Bereichen verdient.

Eine weitere Theorie, die sich noch hartnäckiger hält, lautet »Impfen verursacht Autismus«. Immer wieder muss man sich diesen Unsinn von Impfgegnern anhören. Sie berufen sich dabei auf eine Studie des britischen Arztes Andrew Wakefield aus dem Jahr 1998. Seine schockierende Feststellung: Die geläufige MMR-Impfung (Masern, Mumps und Röteln) bei Kindern löse später Autismus aus! Dieses unerhörte Ergebnis ist bis heute eine Steilvorlage für Impfskeptiker. Wer will schon dafür verantwortlich sein, nachhaltig die Gesundheit seines Kindes zu schädigen? IMPFEN, NEIN DANKE!!

Einmal mehr ist dies aber nur die halbe Wahrheit. Die komplette Geschichte geht tatsächlich so: Der angeblich unabhängige Arzt hatte von einer Anwaltskanzlei große Geldbeträge erhalten, um den vermeintlichen Zusammenhang »Impfen = Autismus« herzustellen. Die Kanzlei wollte damit Impfstoffhersteller verklagen. Die »Studie« wurde nach Bekanntwerden dieses Manövers zurückgezogen, von der britischen Ärztekammer zerrissen und gegen Wakefield ein Berufsverbot verhängt. Seitdem stapeln sich weltweit Untersuchungen, die seine Fantasie-Studie widerlegen. Eine der neuesten stammt aus dem Jahr 2015. In ihr belegen Wissenschaftler aus den USA anhand von Langzeitstudien, dass nicht einmal bei besonders gefährdeten Kindern, also solchen, bei denen bereits die Geschwister unter Autismus leiden, das Impfen in irgendeiner Form Autismus auslöst oder »begünstigt«. Die Grusel-Legende ist widerlegt, dutzendfach, aber immer noch herrscht bei vielen Eltern große Sorge. Es ist schon eine bemerkenswerte Ironie: Die Angst, dass die eigenen Kinder durch betrügerische Geschäftemacher an autistischen Störungen erkranken könnten, rührt ausgerechnet aus den Machenschaften betrügerischer Geschäftemacher.

Wenn Vernunft und Wissenschaft gegen sie stehen, bleibt den Impfgegnern immerhin noch die Flucht in den mutmaßlich »gesunden Menschenverstand«[*]. Das ist unter Anhängern von Verschwörungstheorien so der allgemeine Code für »ihr könnt mir beweisen, was ihr

---

[*] Historische Perlen des »gesunden Menschenverstandes« sind etwa: »Eine Kugel? Hahaha, die Erde ist flach, sonst würden wir doch alle runterfallen«, oder: »Ich soll mir vor der Operation die Hände waschen? Was zum Teufel sind ›Bakterien‹? Die kann man doch gar nicht sehen, also gibt's sie nicht!« #IchGlaubNurWasIchSehenKann

wollt, ich *spüre*, dass ich recht habe!« Unvergessen in diesem Zusammenhang bleibt mir persönlich die, ähem, wasserdichte Argumentation einer Anti-Impf-Seite auf Facebook. In einem Beitrag wurde darauf hingewiesen, dass Kinder keine Spritzen mögen. Heureka! Die Verantwortlichen folgerten daraus messerscharf:

> *Die Signale unserer Kinder müssen wir ernst nehmen. Sie wissen instinktiv (unbewusst), was ihnen guttut und was ihnen schadet.*«

Das ist wieder eines dieser Statements, bei denen ich nicht mal weiß, wo ich anfangen soll. Ernsthaft. Aber um es kurz zu machen: Nein. Kinder wissen *nicht*, was ihnen guttut. Kinder wollen den ganzen Tag Schokolade essen. Kinder wollen sich so oft im Kreis drehen, bis sie sich übergeben. Kinder wollen die Brennnesseln auf dem Spielplatz mit nackten Händen anfassen, und Kinder wollen bei Fremden ins Auto steigen, um sich Hundewelpen anzusehen. Kinder sind *dumm*, aber das ist nicht schlimm, denn das sind wir alle in diesem Alter. Woher sollte man es auch besser wissen? Man ist so neu auf dieser Welt, und eine Nadel in der Haut bei einer Impfung ist nicht unbedingt etwas, das einem zum Glücklichsein gefehlt hätte.

Ich kreide es keinem Kind an, eine Impfung nicht zu wollen. Ich kann das Weinen verstehen, die Angst, die Frage, ob das wirklich sein muss. Es sind, Herrgott noch mal, Kinder! Niemand erwartet etwas anderes von ihnen. Es ist in Ordnung. Was ich *nicht* verstehe, sind die Eltern. Väter, die ihren Kindern in einer globalisierten

Billigflugwelt, in der jedes beliebige Virus nur ein paar Flugstunden entfernt ist, den notwendigen Basisschutz vorenthalten. Mütter, die ihren Ärzten nicht mehr vertrauen, weil sie auf Facebook gelesen haben, dass es Masern eigentlich gar nicht gibt.

Bitte vergesst es nicht: Eure Kinder sind auf euch angewiesen. Eure Kinder wissen *nicht*, was gut für sie ist.

Wisst ihr es?

DEMOKRATIE

Die Politiker belügen dich:

»Die Parteien sind doch alle gleich! Nichtwählen
ist der einzige Weg, etwas zu ändern!«

Professioneller Flirttipp für euch: Geht nicht in die
Politik.

Mit keinem Job macht ihr euch in Deutschland unbe-
liebter.* Auf sämtlichen Beliebtheits- und Glaubwürdig-
keits-Ranglisten tummeln sich Politiker regelmäßig am
Ende der Skala. Selbst als Pressesprecher von Monsanto
oder Brandschutzbeauftragter des BER-Flughafens dürften euch die Herzen eher zufliegen.

Viele stellen sich die Frage: Wenn ich Politiker nicht

---

* 2014 landeten deutsche Politiker in einer GfK-Studie über das Vertrauen in Berufsgruppen auf dem letzten Platz. Damit lagen sie – mit
über vier Prozentpunkten Abstand! – sogar noch **hinter** Versicherungs-
vertretern. #DASIstHart #FastSchonWiederNeLeistung #MussManAuch
ErstMalSchaffen

leiden kann – warum sollte ich sie wählen? Sie erhö-hen sich selbst die Diäten, stoßen mit Lobbyisten an, be-schließen unsinnige Gesetze, und nicht einmal ihre Dok-torarbeiten schreiben sie selbst. Zu den Wahlen wartet dann alle Jahre wieder das gleiche Spiel: Die Volksver-treter inszenieren sich als Kumpeltypen und Vorzeige-bürger, und das nächste Mal liest man dann erst wie-der von ihnen, wenn sie Kinderpornos auf dem Laptop haben oder man Crystal Meth bei ihnen findet. Viele fragen sich: Ist das den Weg ins Wahllokal überhaupt wert?

Dieses Misstrauen ist weit verbreitet. Das Gefühl, dass Politiker aus Prinzip böse sind und einem ausschließlich Schlechtes wollen, ist einer der Gründe, warum im Netz sogenannte *Alternativ-Medien* in den vergangenen Jah-ren so rasant an Klickzahlen zugelegt haben.

Einer, der davon besonders profitiert hat, ist Ken Jeb-sen. Er betreibt das Online-Angebot »KenFM« und gilt als eines der Aushängeschilder der Szene. Auf einer eigenen Internetseite und in den sozialen Medien über-bringen er und sein Team ihre ganz eigenen Wahrheiten über die verlogene Politik ans enttäuschte Volk. *

Kurz vor der Bundestagswahl 2013 setzte er sich vor die Kamera, um im Namen der »KenFM«-Redak-

---

* Zum Beispiel verbreiteten sie auf der »KenFM«-Facebook-Seite ein Bild, auf dem jemand offenbar mit Photoshop Aufnahmen von Flugzeu-gen auf Google-Earth-Karten aus dem Jahr 2011 kopiert hatte, um ein an-gebliches Beweisfoto des Abschusses des Malaysia-Airlines-Flugzeugs MH17 zu basteln. Selbst nach zahlreichen Hinweisen der Nutzer, dass das Bild eine Fälschung sei, wurde es nicht entfernt. #AllesFürDieLikes

tion in einem YouTube-Video folgenden Aufruf zu verbreiten:

>*Wir wollen, dass du dieser Wahl fernbleibst. Geh nicht am 22. September zur Bundestagswahl. Und gib deine Stimme nicht ab. Egal, welche Partei du denkst, die richtige sei. Lass das.*«

Klare Ansage! Egal, welche Partei: Eh alles scheiße. Die Auseinandersetzung mit so anstrengenden Dingen wie Partei- und Wahlprogrammen wird einem praktischerweise komplett erspart. Stattdessen: Plag dich erst gar nicht damit herum. Hör auf Ken, der weiß, dass nix für dich dabei is. Oder um es mit den Worten einer weisen Zeichentrick-Schlange zu sagen: *Vertraue miiiir.*

Schließlich geht es hier nicht um SPD oder CDU. Es geht ums große Ganze! Das gesamte System gehört vom Tisch! Wer nicht wählt, bringt die Parteien ins Schwitzen! Denn wenn sie erst einmal keine Stimmen mehr bekommen, dann fängt das Knieschlottern an!

>*Was meinst du, was passieren würde, wenn die Mehrheit diese Regierung und diese Parteien nicht mehr wählen würde? Das System würde implodieren.*«

Hui. Das klingt ganz wunderbar apokalyptisch und revolutionär. Was da los wäre! Alles würde implodieren! BOAH!

… aber ich wage zu widersprechen. Meine crazy These: Wenn die Mehrheit nicht mehr wählen geht, verändert sich genau *gar nichts*. Die Politiker an der Macht sagen: »Joa, gibt offenbar keinen Einspruch, ne. Von daher: heiter weiter!«, und das war's. Ende der Geschichte. Als ob sie sagen würden: »Oh nein, nur noch so wenig Prozent Wahlbeteiligung:(Jetzt sind wir traurig und wollen nicht mehr!« Als. Ob.

Natürlich ist das nur meine persönliche Meinung und es könnte auch sein, dass alles ganz anders abliefe als von mir beschrieben. Doch ich bin mir ziemlich sicher, dass es so und nicht anders kommen würde, wenn die Mehrheit der Bürger einfach nicht mehr zur Wahl ginge, wie »KenFM« es vorschlägt. Warum? *Weil dieser Punkt schon längst erreicht ist.*

Bei der letzten Bundestagswahl gingen 18 Millionen Bürger *nicht* zur Wahl. Das ist weit mehr, als die CDU – und somit Kanzlerin Merkel – Stimmen bekommen hat. Die Mehrheit der Deutschen hat Merkel *nicht* gewählt. *Nichtwähler stellen den größten Teil der Wahlberechtigten.* Bei den wichtigsten Wahlen des Landes wohlgemerkt!

Im »kleineren« Rahmen sieht es nicht besser aus. Bei den Kommunalwahlen der vergangenen Jahre in Hessen, Sachsen, Brandenburg, Nordrhein-Westfalen, Mecklenburg-Vorpommern und Schleswig-Holstein blieb jeweils über die Hälfte der Wahlberechtigten der Wahl fern. Nicht nur die Bundeskanzlerin, sondern auch Bürgermeister, Stadt- und Landräte sind heute bei uns nicht mehr von der Mehrheit gewählt.

Auf europäischer Ebene sieht es noch düsterer aus. Bei den Europawahlen gibt seit gut 20 Jahren weniger als jeder zweite seine Stimme ab. Die Mehrheit der

Bürger, auch hierzulande, hat die EU-Abgeordneten nicht gewählt. In der Slowakei lag die Wahlbeteiligung 2014 gar bei lächerlichen 13 %. Fast 90 % blieben der Wahl fern. Das sind Werte, von denen »KenFM« in Deutschland nur träumen kann. Nur 13 %, wow! Ja, und nun? Trotzdem gilt in der Slowakei selbstverständlich EU-Recht; trotzdem bleibt es Teil der Europäischen Union.

»KenFM« kann noch so bedeutungsschwanger in die Kamera blinzeln, wenn er seinen Zuschauern rät, ihre Stimme in die Tonne zu kloppen: Hier wird ein Zustand herbeigesehnt, der längst eingetreten ist. Die Mehrheit der Wähler hat *nicht* die Regierung gewählt! *Keine* Wählergruppe ist größer, als die der Nichtwähler! Und was hat sich geändert? Genau, gar nichts! Das System ist nicht implodiert, im Gegenteil. Den mutigen Nichtwählern haben wir stattdessen über zehn Jahre Merkel zu verdanken. Besten Dank an der Stelle dafür noch mal; ganz toll habt ihr das hingekriegt, ihr Revolutionäre! Nicht wählen zu gehen, hat die Bundeskanzlerin nicht geschwächt, sondern gefestigt.

In der CDU-nahen Konrad-Adenauer-Stiftung begreift man die Wahlmüdigkeit der Deutschen jedenfalls nur bedingt als drängendes Problem. In ihrer aktuellsten Nichtwähler-Analyse ›Dann bleib ich mal weg‹ kommt sie zum Schluss, dass die deutschen Nichtwähler ihnen, gelinde gesagt, ziemlich wumpe sind:

»Würden alle Parteien ihr gesamtes Nichtwähler-potenzial voll mobilisieren, wäre der Zuwachs nur geringfügig. Zwar würde die Wahlbeteiligung an-

steigen, doch würden sich die Wahlergebnisse so gut wie nicht verändern, da nur die Stimmenanzahl und nicht die Werte dadurch verändert würden. Es würde außerdem für keine Partei einen strategischen Vorteil bringen, da sich die Nichtwähler relativ homogen über die Parteienlandschaft verteilen.«

So klingt nicht gerade das Zähneklappern vor den Nichtwählern, oder? Klar: Es gibt Leute, die aus vollem Herzen Nichtwähler sind. Sie enthalten sich nicht deshalb der Stimmenabgabe, weil das Wetter am Wahltag scheiße ist oder sie faul sind. Sondern aus leidenschaftlicher Überzeugung; als flammender Protest! Doch viele von ihnen geben schnell der Versuchung nach, ihre eigene Einstellung auf alle anderen Nichtwähler zu projizieren. Es ist ein typischer Irrglaube zahlreicher »Geht nicht wählen!«-Verfechter, den hohen Anteil der Nichtwähler darauf zurückzuführen, dass sie alle aus denselben Gründen auf die Teilnahme an Wahlen verzichteten. Es gibt schlicht eine ganze Menge Menschen, denen ist Politik einfach egal. *Es interessiert sie nicht.*

Als leidenschaftlicher Demokrat finde ich das sehr schade. Es hat mich schon oft zur Verzweiflung gebracht, wie wenig sich die deutschen Bürger zu großen Teilen für das interessieren, was in ihrem Land abgeht. Wie wenig es sie juckt, wer in Berlin die Entscheidungen trifft, die ihr eigenes Leben nachhaltig beeinflussen können. Wenn ich etwa meine Freunde frage, ob sie wählen gehen, rollen sie mit den Augen. Es ist ihnen einfach zu langweilig. Sie fühlen sich nicht einmal davon betroffen. Sie gehen zur Arbeit, am Wochenende feiern, im Urlaub ins Ausland, und zu Hause wird gechillt. Dazu brauchen sie keinen Kanzler, keine Parteien, keine Wahlen. Ihr Leben dreht sich auch so weiter und sie vertrauen einfach darauf, dass alles in den gewohnten Bahnen weiterläuft. Ich halte das für eine außerordentlich bequeme Sicht auf die Dinge, aber hey – das ist *ihre* Entscheidung. Nicht wählen zu gehen gehört zum Luxus einer Demokratie.

Dass sich überzeugte Nichtwähler auf eine Stufe mit allen restlichen Nichtwählern stellen und daraus folgern, dass all diese Leute die Regierung stürzen wollen, ist aberwitzig. Mindestens genauso bescheuert ist ihre Aussage, dass »alle Parteien gleich« seien. Ein gängiger Vorwurf lautet: »Wen soll man denn wählen?! CDU, SPD, Grüne, ist doch alles das Gleiche!«

Erst einmal: Nein, sind sie nicht. Sollte das Gleichheitsproblem darin bestehen, dass sich die Parteien allesamt zum Grundgesetz bekennen und Flüchtlinge nicht vergasen wollen, brauchen wir gar nicht weiterzureden. Geht es um das herrschende Wirtschaftssystem, sind die Übereinstimmungen zwar größer. Die Linke aber schrieb erst 2009 den ziemlich unmissverständlichen Satz »Der Kapitalismus muss überwunden werden« in ihr Wahlprogramm; bei Bündnis 90/ Die Grünen schließen sich hochrangige Mitglieder im »Grünen Netzwerk Grundeinkommen« zusammen, um die Einführung eines bedingungslosen Grundeinkommens voranzutreiben. Mit einem staatlich garantierten Einkommen soll im Zeitalter der Digitalisierung dafür gesorgt werden, dass moderne Gesellschaften nicht von den Folgen einer neuen Massenarbeitslosigkeit zerrissen werden.* Ein Konzept, das unsere Arbeitswelt auf den Kopf stellen würde.

Wem das nicht taugt, der hat trotzdem die freie Auswahl. Man könnte ja auch mal damit aufhören, immer über dieselbe Handvoll Parteien im Bundestag zu nölen und ganz crazy jemand anderen wählen. Die Stimmzettel in der Wahlkabine sind nicht zum Spaß einen halben Meter lang. Zur Bundestagswahl 2013 waren nicht weniger als 34 (!) Parteien angetreten. Es gibt in Deutschland Rentner-Parteien, Tierschutz-Parteien, Autofahrer-Parteien, Öko-Parteien, Feminismus-Parteien, Spiritualitäts-Parteien, Satire-Parteien, kommunistische Parteien, jede Menge fremdenfeindliche Parteien … meine Güte, ich komme mir schon vor wie Bubba aus ›Forrest Gump‹, der sämtliche Shrimps-Gerichte aufzählt.

Mein Punkt: Die Auswahl ist groß. Für jede politische Ausrichtung sollte etwas Wählbares dabei sein. Wer Parteien außerhalb des Bundestags aber nicht wählen möchte, weil sie »ja eh nicht an die Macht kommen«, ist

---

* Nach Berechnungen von Zukunftsforschern könnte in den kommenden zwanzig Jahren jeder zweite Job in Deutschland verloren gehen. Der Einsatz intelligenterer Software und neuartiger Roboter soll Menschen in vielen Bereichen überflüssig machen. Wie so oft ist die Finanzbranche Vorreiter: An der Deutschen Börse wird bereits die Hälfte des Handelsvolumens nicht durch Menschen, sondern von superschnellen Computerprogrammen generiert; in den USA liegt der Wert bereits bei 70 %. Das **Handelsblatt** beschrieb die Situation im Januar 2013 so: »Heute sind die Menschen an der Börse nur noch Kulisse, fürs Fernsehen und für die Fotografen. Der Handel wird beherrscht von Maschinen.«

in meinen Augen einer dieser Leute, die der Demokratie in unserem Land die Nägel in den Sarg schlagen. Wählen sollte man nicht aus Taktik, sondern aus Überzeugung. Wenn das mehr Menschen bei uns beherzigten, wer weiß, wie die politische Landschaft aussähe.

Und wenn am Ende alle Parteien und Politiker doch scheiße sind? Nun, dann schlage ich vor, dass ihr die Ärmel hochkrempelt und euch selbst drum kümmert. Alle Abgeordneten sind korrupt und falsch? Dann geht selbst in die Politik und seid nicht korrupt und seid nicht falsch! Ich meine das nicht einmal ironisch: Unsere politische Landschaft *braucht* neue, motivierte, ehrliche, fähige Köpfe! Tretet einer Partei bei und ändert sie von innen; gründet eine komplett neue Partei und macht alles besser. Diese Wege stehen euch frei, und im Gegensatz zu den USA müsst ihr hier auch nicht erst Millionär sein, um Politik überhaupt machen zu können.

Man kann leicht am politischen Personal in Deutschland verzweifeln. Da würden mit Sicherheit selbst viele Politiker zustimmen. Aber mein Aufruf lautet nicht: »Geht nicht wählen.«

Ich sage: Überlasst diesen Leuten nicht das Land. Verändert etwas.

Lasst euch selbst wählen!

SCHLUSSWORT

Deutsch sein

Ich bin Deutscher. Hier geboren, hier aufgewachsen, hier zu Hause.

Deutschland hat nicht die höchsten Berge, wärmsten Strände oder größten Städte. Wir haben auch nicht die erfolgreichsten Filme, hippste Mode oder angesagteste Musik. Unter uns, für die schönste Geschichte sind wir auch nicht gerade bekannt.

Manch einer behauptet, dieser Mangel an Superlativen führe dazu, dass Deutsche nur schwer eine positive Bindung zu ihrem Land herstellen können. Ich sehe das anders. Wir sind keine Nation, die sich im Glanz vergangener Zeiten sonnt. Keine, die von ihrer kulturellen Dominanz so berauscht ist, dass sie sich als Mittelpunkt der Welt wahrnimmt.[*]

Wir sind stattdessen ein Land, das es gewohnt ist, auf

---

[*] I'm looking at you, USA.

die Fresse zu fallen. Zwei Weltkriege, Drittes Reich, Teilung in Ost- und Westdeutschland. Unsere Geschichte ist reich an Fehlern. Zum Platzen gefüllt mit Tragödien und Verlusten. Und wir kennen sie nicht nur aus alten Büchern, sondern von unseren eigenen Eltern und Großeltern. Deutschland kann ein sehr dunkler Ort sein. In manchen Teilen ist es das bis heute.

Aber es ist auch ein Land, das diese Dunkelheit hinter sich lassen kann. Ein Land, das immer wieder neu anfängt. In dem es Tradition *ist*, dass es keine Tradition *gibt*. Allein in unserer jüngeren Geschichte hatte unsere Heimat gleich einen ganzen Haufen unterschiedlicher Namen und Staatsformen. Wer etwa sein Leben lang in Ost-Berlin wohnt und das Glück hat, heute seinen 100. Geburtstag feiern zu dürfen, hat – ohne den Wohnort zu wechseln! – in mindestens drei verschiedenen Staaten gelebt.* Das Land ist ständig in Bewegung. Es verändert sich; verändert uns. Doch bisher hat uns der Weg, allen Rückschlägen zum Trotz, letzten Endes in eine offenere, bessere Gesellschaft geführt.

Es stimmt: Die aktuelle Flüchtlingskrise hat in einigen von uns Furchtbares hervorgebracht. Hass greift um sich. Aber wir haben mehr ehrenamtliche Helfer in Flüchtlingsheimen als Brandstifter, die sie anzünden.

---

* Deutsches Reich, Deutsche Demokratische Republik und Bundesrepublik Deutschland. Fleißige Historiker würden dem Ostberliner vielleicht zusätzlich das Königreich Preußen, die Weimarer Republik und das »Großdeutsche Reich« der Nationalsozialisten zuordnen. Das brächte unser Geburtstagskind sogar auf sechs deutsche Staaten innerhalb von nur 100 Jahren! #HappyBirthdayAlterGlobetrotter

Mehr Bürger, die gegen PEGIDA demonstrieren, als mit ihnen. Und Deutschland baut angesichts vieler Asylbewerber keine Mauern, sondern Heime. Ich halte das für den besseren Weg.

Es gibt immer wieder politische Kräfte, die versprechen, die Zeit zurückzudrehen. Doch ich will nicht im Deutschland vor 20, 40 oder 60 Jahren leben. Ich will im Deutschland von morgen leben. Denn ich setze auf meine Heimat. Im Wissen, dass wir schon Schlimmeres hinter uns gelassen haben. Und der Hoffnung, dass wir eines Tages auch diese Dunkelheit überwinden.

RAYK ANDERS

ARMES DEUTSCHLAND

Dieses Buch könnte der Beginn einer wunderbaren Freundschaft sein! Zumindest könnt ihr mich sofort im Netz abonnieren. Facebook, Youtube, Twitter, Instagram: Einfach nach „Rayk Anders" suchen & immer auf dem Laufenden bleiben! **Wir sehen uns online!**

- Euer Freund, Rayk

Aktuelle Themen bei <u>dtv</u>

Roberto Saviano
ZeroZeroZero
Wie Kokain die Welt beherrscht
Übers. v. R. Seuß u. W. Kögler
ISBN 978-3-423-34853-9

Die geheimen Geldströme, die
das »weiße Erdöl« entfesselt,
destabilisieren heute ganze
Wirtschaftssysteme. Der Autor zeigt die Problematik auf
und appelliert an die Öffentlichkeit, diese Bedrohung endlich ernst zu nehmen.

Gomorrha
Reise in das Reich
der Camorra
Übers. v. F. Hausmann und
R. Seuß
ISBN 978-3-423-34529-3

»Hört ihm zu!«, sprühten die
Leute in Neapel an die Hauswände, als sie Savianos Buch
gelesen hatten. Sein Bericht
aus der Unterwelt wurde in
vielen Ländern zum Bestseller.

Richard Thiess
Mordkommission
Wenn das Grauen zum
Alltag wird
ISBN 978-3-423-34792-1

Aus der Wirklichkeit der
Polizeiarbeit, die jeden
Kriminalfilm in den Schatten
stellt.

**Der Tod kennt kein
Erbarmen**
Wahre Fälle aus der
Mordkommission
ISBN 978-3-423-26076-3

Thiess ermittelt wieder und
berichtet von erschreckenden
Fällen. Ein eindringliches
Buch.

Aktuelle Themen bei dtv

Filipp Piatov
Russland meschugge
Putin, meine Familie und
andere Außenseiter
ISBN 978-3-423-26099-2
Der Autor ist aufgebrochen,
das Land seiner Familie zu er-
kunden. Per Anhalter und mit
der Transsibirischen Eisen-
bahn reist er bis zum Baikal-
see und stellt fest, dass er
zwar viel über Putin weiß,
aber herzlich wenig über den
russischen Alltag.

Catarina Katzer
Cyberpsychologie
Leben im Netz: Wie das
Internet uns verändert
ISBN 978-3-423-26092-3
Im Lebensraum Internet ist ein
neues Koordinatensystem für
unser Denken und Handeln
entstanden. Wenn man die
damit verbundenen Gefahren
meiden, die Chancen aber nutzen will, muss man die psy-
chologischen Effekte kennen.

Nicola Steffen
Porn Chic
Die Pornifizierung des Alltags
ISBN 978-3-423-26031-2
Die Allgegenwart von Porno-
grafie hat weitreichende Folgen, insbesondere für Kinder
und Jugendliche. Die Autorin
weist auf die Gefahren hin
und diskutiert Lösungsvor-
schläge.

Hasnain Kazim
Plötzlich Pakistan
Mein Leben im gefährlichsten
Land der Welt
ISBN 978-3-423-26077-0
Anhand vieler Begegnungen
zeichnet der Autor ein bewe-
gendes Bild von Pakistan und
bringt uns dieses zerrissene
Land näher. »Dieses Buch hat
280 Seiten und jede Seite
davon habe ich einfach ver-
schlungen.« *Markus Eggert,
literaturlounge*

Bitte besuchen Sie uns im Internet: www.dtv.de